筱原令看中国

〔日〕筱原令 著
杨锡坤 译

学林出版社

出版说明

本书主要译自日本侨报社 2010 年 10 月出版的《新编认知中国》一书。该书作者筱原令是一位通晓中文、长期研究中国历史和文化、关注当代中国社会的日本作家。有鉴于日本国内甚嚣尘上的“中国威胁论”、“中国崩溃论”之类的反华言论，他写了这本书，按他的话说，“就日本人难以理解的中国人的思维方式、中国社会的特征（无论好的一面还是不好的一面）作一个总结归纳”，以期让日本人放弃成见，更好地了解中国、认知中国。

本书中，作者对中国的历史和文化、中国的社会现实作了评述，他对中国改革开放的成果和有中国特色社会主义道路表示钦佩和赞赏，认为“中国高举‘小康社会、和谐社会’的旗帜是符合中国实际的”，“中国前进的方向是对的”。同时，他对当前日本国内的反华言论持批评态度，认为日本只知道“追随美国”，“只知道所谓的‘国家利益和安全保障’，没有独立的哲学和思想”，指出“日本自满地夸耀经济的时代已经过去”，日本只有“和中国一起前进，才有日中两国的未来”。作者这些观点代表了日本民间进步力量的声音,虽然微弱,但对于推动中日两国友谊发展,无疑传递出一种正能量。

当然也要看到,作者是日本人,他是从日本人的角度去观察和解读中国的,为了更好地让中国读者理解这本书,我们在不影响文章观点和思路的前提下,对其中的一些表述作了修改和调整。同时,书中就某些问题阐述的观点可能不一定准确,跟中国人对这些问题的看法和评判有一定的差异,但为了尊重作者的观点,我们还是不作修改,一如其旧。这些地方,相信读者自会注意分析。另外,为方便读者,我们对书中涉及的日本的历史人物和事件等专有名词,按照我国的权威工具书如《辞海》等加了注。

还需要说明的是,作者曾经写过《找朋友还是中国人好》一书,主要讲述作者的一些中国朋友的故事。该书于 2003 年译成中文出版。经作者同意,我们从中选取部分文章增补到这本书中,从而使本书的结构更为合理,内容也更为丰富。

由于这是一本日本作家看中国的书,也是推荐给中国读者阅读的书,用《筱原令看中国》作为书名可能更贴合本书的内容和主旨,经征得作者同意后,我们将本书改为现名。

2013 年 7 月

序

余秋雨

一

为别人的书写序，对我来说是一件隆重的事情。

我曾应一些出版家之邀，为中国那四部古典小说，以及纪晓岚和李渔的文集写序。那活儿，相当于重启一项项学术研究，又要寻找到把这些作品推荐给当代读者的充分理由，很不容易。但是，那毕竟是介绍遥远的古人古书，虽不容易也可以表现得通脱、潇洒，相比之下，为今人的书籍写序就更不敢了。除非，有非常特殊的原因。

什么样的特殊原因？例如，前些年我曾为一位欧洲青年旅行家的书写序，原因是，他沿途的感受居然与我惊人相似。我又为日本当代艺术家团伊玖磨的散文全集写序，原因是，他每年九个月蛰居小岛、三个月漫游世界的生活安排，是我长久的理想。今天是第三次为一个当代外国作家写序了，理由没有前两个好玩，却让我十分心动。

这个作家，就是日本的筱原令先生。他在全书的前言说：

> 走进日本的书店，一眼望去，与中国相关的书架上全是“中国威胁论”、“中国崩溃论”、“中国无赖论”之类的反对中国、厌恶中国、污蔑中国的腔调，也不知道什么时候变成了这个样子。……
>
> 日本这边反中、厌中、蔑中一面倒，中国那边的反日情绪也很高涨。其因果关系好像先有鸡还是先有蛋一样难以判断。

是不是因为信息受阻而产生了误会？不是。即便长期生活在中国的日本人，信息够直接了吧，也有这种一面倒的集体心理。筱原先生又写道：

> 每当在中国的日本人聚在一起时，总要说些中

国和中国人的坏话，什么政府方针朝令夕改啦，什么中国人不守信用啦，等等等等。总而言之，凡是进展不顺利的事，都是中国方面的责任。可是我不禁要问：既然是如此不如意、不舒服，为什么不干脆回日本去？

正是针对这种现象，筱原先生写了眼前这本书《筱原令看中国》。而我，也产生了阅读这本书的动力。一读，写序的理由也建立了。

二

毫无疑问，筱原先生面对的，是一个巨大而又沉重的难题。

当然我们可以从历史、政治、地缘等等方面来解释，很多学者也都在这样做。但显然，那么多反华书籍的作者，那么多聚集在中国说中国坏话的日本人，绝大多数不是政客，年纪也未必太老。因此，事情要比学者们解释的严重得多。

筱原先生在书中诚恳地表示，日本人应该与中国人一道为人类作出贡献，所以要加深对中国的"了解"和"理解”。他知道自己的作用不会很大,只是期待“给读者带来一点点启示”。

这“一点点启示”,主要集中于“日本人难以理解的中国人的思维方式、中国社会的特征”。他特别用括号注明,这些思维方式和社会特征,既可能是好的,也可能是不好的。但是,要的是理解,而不是对立。

这也就是说,他把事情拉到了“理解一时难以理解的思维方式”之上,毫无疑问,这已经是一个文化课题。不少中国读者可能会认为,这样一来,他把事情讲小了。其实,文化的课题永远也不会太小。

我在《何谓文化》一书中曾经为文化拟订了一个定义:文化,是一种有关精神价值和生活方式的生态共同体,它的最后成果,是集体人格。

根据这个定义,文化的隔阂,也就包括着精神价值、生活方式和集体人格这三个方面的全方位对峙。这种隔阂和对峙一旦产生,要解除极不容易。人类历史上种种长久不解的民族对立,都与此有关。筱原先生就是试图在这中间,做点事。

那么,筱原先生在这本书里是怎么做的呢?我不妨随手举出两例——

不少准备到中国投资的日本企业家咨询筱原先生：听说中国人常常不遵守合同，这是真的吗？

筱原先生说：在中国起决定作用的，是当事双方的信赖关系，而不是合同。如果建立了信赖关系，一有风吹草动，中国人就绝对会为你两肋插刀。

还有一些日本人问筱原先生，中国人是不是很懒惰？他回答，可以去看看万里长城。他认为，现在在中国遇到的那些不良服务态度，原因在管理体制。

从一系列具体问题中，筱原先生得出了自己的结论：

> 我之所以要说中国人至今仍生活在武侠世界里，是因为他们总是把讲义气、守信用放在第一位。日本人说中国人违约背信，但在中国人眼里，日本人才是谎话连篇。因为中国人即使是酒后失嘴，也无论如何都要践诺。而日本人呢，要么说酒后戏言不能当真，要么说请示领导没通过，脸不红心不跳地一推了事。

顺着这个思路，他又说：

中国人依个人与个人之间的信赖程度决定成事与否,而日本人却扛着财团或大企业的名头牌面行事。

我并不完全赞同筱原先生的分析和结论,觉得他似乎把很多事情说得过于简单化了;但是,我却欣赏他把表面上的是非之争拉升到了思维习惯的不同,而思维习惯背后,那便蕴涵深厚的文化分野了。

中国人是不是真像筱原先生说的那样,至今还生活在武侠世界?这个问题自另当别论。但是他的这种立论也许能幽默地提醒日本那些反华作者:你们今天在恣意糟践的,很可能是一种云烟缥缈的古典遗形。一千多年前,你们的祖先曾以“遣唐使”的身份扬帆破浪,去拜访那一个个掩映在华夏山水间的侠义世界。那些世界,确实与现代生态颇多支离。

筱原先生在这本书里更吸引人的段落,并不是探讨千年结论,而是描述万里山水。那些城市,那些风俗,那些朋友,那些艺术,他都写得生动、有趣。而他写到站在上海一个宾馆窗口反复眺望与自己早年生活有关的街巷,深情回忆已逝的中国老人,更是动人的散文笔墨。

三

然而,我们不能不正视一个现实:中日民众之间的情绪沟壑,包含着太多战火刀戟、血海深仇,确实不是一般的文化论述所能填平得了的。

我在年轻时代,曾根据当时看到的一些中日友好景象,过于乐观地以为,这里有可能创造“度尽劫波兄弟在,相逢一笑泯恩仇”的奇迹。现在证明,事实并非如此。由此,我对世间的爱恨、人类的前途、文化的目的,都增添了不少悲观成分。直到今天,这种悲观成分还没有减少,成为我心中的霏霏冷雨,时时产生寒噤。

回想起来,我多年来也曾一再地企图用文化之力,减少世间裂隙,并以中日民众间的关系作为试验性的着力点。

例如——

2000 年 8 月 6 日,美国向日本投掷原子弹并结束太平洋战争五十五周年,广岛市召开和平大会,特别邀请我参加。会上,由原子弹受害者代表、投掷者代表发言,一个是日本人,一个是美国人,都上了年纪。我是第三方发言者,代表被日本侵略的国家的民众。我上台发言前,好几个在日本留学的中国学生站在我身边,为我担心,不知道我会讲什么。等我讲完,他们都很满意,广岛市的市长也很满意。

五年后,2005 年 7 月 20 日,联合国世界文明大会在日本东京举行,我是唯一的中国演讲者。我演讲的内容是反驳“中国威胁论”,希望持论者们能够学习四百年前的欧洲传教士利玛窦,花三十年时间深入了解中华文明,终于摆脱了本来就不应该存在的“威胁”感。

又过了五年,2010 年 5 月 21 日,我和联合国教科文组织总干事博科娃女士在上海世博会上进行公开对话,话题是联合国在当天发布的有关文化多样性的“世界报告”。我的讲话重点,是批判亨廷顿先生的“文明冲突论”,以免世界各地继续以“文明”的名义产生种种冲突。其中,我又举了中国和日本的例子。

再过两年,2012 年 9 月 29 日,日本京都举行中日关系正常化四十周年学术研讨会,我又被邀为首席演讲者。但是,大家都知道,由于东海局势的突然变化,我失去了演讲所需要的学术气氛,只能宣布退出。这件事,让我一直对研讨会组织者,也是我的著作的日文译者加藤千洋先生深感歉意。但大势如斯,已经顾不到个人情谊了,等以后弥补吧。

——这整个过程,让我百感交集。我的每次被邀,都因为我是一个纯粹的民间学者,没有任何官方背景,却又浸润了中华文化,考察了世界文化。他们也许想从我这里试探一下文化跨越族群的各种可能性。但是,时至今日,我不知道自己在这件事情上还能做什么,更不知道21世纪世界文化在创意产业的蓬勃发展之外,还能在心灵的互融互温方面,开拓出多少空间。

在记忆中,就在2005年7月我到世界文明大会演讲的那一次,筱原先生长时间陪着我和我的妻子,还和其他几位朋友一起,游玩了日本好几座城市。我在大会上演讲的日文翻译,倒不是他担当的,因为那个大会有周密的语言服务系统。风雨飘摇的八年过去了,我很钦佩筱原先生在越来越不容易的情况下还在做文化沟通的难事,更钦佩他用善良的心态、轻松的口吻、感性的叙述来“攻坚”。相比之下,我以前那么多演讲的文化企图也许过大了,还不如筱原先生这样的娓娓而谈,可能会让更多普通读者从温润的语言中有所憬悟。中国古人说“润物细无声”,大概就是这种情景。此事似细实巨,恐怕只能托付给更多的人,托付给漫长的时间了。

四

因为是朋友,我还想对这本书提一点建议。我觉得,谈中国文化,还应注意一个庞大体量的农耕文明以一种“低消耗、非极端、赖天时、重人情”的中庸之道来维持儒家理想的数千年一贯性。这中间,庞大的体量和漫长的时间,是读解它的两大关键。相比之下,以墨家为源头的侠义,虽然长存未灭,却只是一种边缘性的民间补充。

不知什么时候再能见到筱原先生。由于读了这本书,我一见面就会对他说:善良和轻松是会有回报的。小回报,让作者增加很多朋友;大回报,让世间减少一些仇恨。一增一减,都是文化的份内之事。

顺便要说一句,这本书写到台湾的部分虽然篇幅不大却很精采,我读起来处处引为知音。我对台湾也很熟悉,很想什么时候约着筱原先生一起到那里玩玩。到时候,我会给他介绍大量台湾朋友,那可热闹了。

2013 年 6 月 16 日于上海

前言

走进日本的书店，一眼望去，与中国相关的书架上全是“中国威胁论”、“中国崩溃论”、“中国无赖论”之类的反对中国、厌恶中国、污蔑中国的腔调，也不知道什么时候变成了这个样子。此情形使我想起了中日邦交正常化前后的形势，虽然那时日本人去中国还是非常困难的事情，中国人能来日本的也仅限于文化、艺术、体育代表团，但中日友好的气氛却是那么热烈。而现在，每年去中国的日本人已经突破了四百万人，每年来日本的中国观光客也已超出了一百万，中国的富裕阶层更已成为东京高级百货店的座上客，可两国之间的气氛怎么反而变得如此不友好了呢？

日本这边反中、厌中、蔑中一面倒，中国那边的反日情绪也很高涨。其因果关系就好像先有鸡还是先有蛋一样难以判断。

于我本人而言,从第一次访问中国开始,与中国交往了近四十年,在中国香港留过学,在中国家庭寄过宿,还与中国人一起住过学生宿舍。若再往前推,从1966年中国“文化大革命”刚刚开始、我对中国开始关心时起算,距今已经超过四十年了。

怀着对中国的强烈关心,我曾几次访问过“文革”中的中国,之后由于工作关系,在美国和东南亚经历了十年职业生涯,待再次踏上中国大地时已是1989年,虽说中国当时已经实行改革开放政策,但我看到的基本上还是老样子,等到1992年邓小平南巡讲话后,中国经济才开始真正迅猛发展,让我耳闻目睹了中国各地的巨大变化。

我看到,中国急剧的改革开放也带来了种种反面现象,人民生活水平日益提高的同时,贪污腐败频出、贫富差距加大等,都是不争的事实。但是我也强烈地感到了中国、或说中华民族的底气和能量,有朝一日,当中国到了某种程度的富裕时,这种能量一旦从经济建设转向文化建设和新文明创造,中国就会成为一个非常美好的国家。

我还认为,日本应该与中国一道为人类作出贡献,而要做到这点,日本人首先要进一步加深对中国的了解和理解。因此,在本书中我将就日本人难以理解的中国人的思维方式、中国社会的特征(无论好的一面还是不好的一面)作一个总结归纳,以期给读者带来一点点启示。

目 录

认知中国的关键词

中日有差异的历史观(一)

唐诗代表了中国古代诗歌的最高成就,著名的《唐诗选》是明代李攀龙的编纂之作[①],是了解唐诗的入门书。该诗选收录了在中国文学史上有一定地位的一百二十八位诗人的诗歌共四百六十五首。其中第一首是跟随唐高祖李渊和唐太宗李世民转战南北的开国元勋魏徵的五言古诗《述怀》。《述怀》的前两句便是:“中原初逐鹿,投笔事戎轩。”“戎轩”即“战车”之意,之后成为汉语成语的“逐鹿中原”,说的就是为夺得天子(皇帝)之位的征战。在中国,自古以来就有胜者为王败者为寇之说。

秦末,先于项羽和刘邦揭竿而起的是陈胜、吴广两个农民。“燕雀安知鸿鹄之志”和“王侯将相宁有种乎”就是陈胜为世人留下的名言,千百年来那些朝代的更

① 旧题李攀龙《唐诗选》,中国学者多接受《四库全书总目》的说法,认为是明末书贾伪托。日本学界则多相信此书确实出自李攀龙之手。

替，确实也证明了："人是没有高低贵贱之分的，只要有能力谁都可以当皇帝"。然而，这样的至理名言竟然出自公元前3世纪的一介农夫之口，确实令人吃惊不已。

汉高祖刘邦原本是农村的一个混混，建立唐王朝的李氏是鲜卑族人，宋太祖赵匡胤是军人出身，明太祖朱元璋是个乞丐王，而建立了清朝的努尔哈赤，早先也不过是在东北白山黑水之间游荡的一个小部落首领。中国的王朝也好，皇帝也好，无论什么样的人都可以通过革命取而代之。《易经》中的"汤武革命，顺乎天而应乎人"，说的是商汤讨伐夏桀王、周武王讨伐商纣王并建了各自的新王朝之举，是顺乎天意、顺应民心的。有德者取代暴君成为天子，这便是革命，并且是"易姓革命"。也就是说，"革命"并非始于毛泽东时代，而是自太古以来周而复始的产物。

对于中国文化，日本拒绝接受的是科举、宦官和缠足。虽说日本没有科举、宦官和缠足，但有一样是仅日本有而中国没有的，那就是天皇制，其精髓就是神社神道。中国人对此难以理解。对一个在数千年的历史长河中周而复始地进行革命的民族来说，面对"万世一系的皇统"、"皇帝纪元二千六百年"的日本，确实会有一种怪物似的感觉。

对前首相小泉纯一郎参拜靖国神社的荒唐且愚蠢的行为，我压根儿就没有兴趣给予评论，那只不过是作秀而已。但就“天皇”和“神道”还是要略说一二。

中国没有“天皇”，也不存在称之为“神道”的宗教，因此见到日本某些人的言行，中国方面往往会有“日本军国主义复活”的感觉；另一方面，又因为日本总是试图以“在日本无论是谁只要死了就会成为‘佛’”之类的说明来辩解，所以，中日双方就越来越纠结不清。

中国也有把死者的灵魂称之为“亡魂”的说法，但“人死之后就成了‘佛’”是中国人难以接受的。日本最权威的辞典《广辞苑》[①]对“佛”只作了“死者或死者的灵魂”的解释，但是“佛”字本身却带有“因为是死了的人了，所以就原谅他吧”这样的感情色彩。这一点是中国人所无法理解的。由于对“为何死了之后就必须给予原谅呢”这样的质问，日本没有给出令人信服的答案，所以，“在日本，人死了之后就成了‘佛’”之类的说明就显得非常的苍白无力。

① 《广辞苑》是日本最有名的日文辞典之一，于 1955 年 5 月发行第一版。

中国的传统与日本截然相反。春秋末期约公元前500年时,从楚国逃亡至吴国的伍子胥唆使吴王伐楚,十年后终于打败了楚国。此时,楚平王已经去世,但是为报父兄被楚平王杀害之仇,伍子胥掘开楚平王墓并鞭尸三百下。哪里有"因为死了应该原谅"之理呢!日本人会觉得简直骇人听闻。

在杭州西子湖畔有一座南宋英雄岳飞的庙。岳飞是抗金英雄,被亲和派的秦桧等人陷害至死。在庙中的岳飞像前跪着秦桧夫妇的半裸像。游客们有的会敲打这对夫妇的半裸像,有的则会对其吐唾沫,这便是中国流。如果是有东条英机及松井石根(日本陆军大将、南京大屠杀元凶之一)墓的话,我也真想砸它个粉碎,然而他们却被供奉在靖国神社。

正因为日中两个民族在历史观上存在着根本差异,所以更应该坐下来进行深入的探讨;然而令人遗憾的是,日中之间只有过一些走过场的讨论而已。于是,诸如"反日"、"嫌中"这样的情绪在中日两国日益高涨也就在情理之中了。贤明的政治家应该对此予以不断的关注,并且应该致力于两个民族的和谐。但实际情况是有些愚笨的政治家只知道作秀给本国国民看,因而损害了两国人民间的友好关系。几次三番参拜靖国神社的前首相小泉纯一郎就是日本愚笨的政治家中的一位。

此时,我不由得想起魏徵在《述怀》中写的最后两句:“人生感意气,功名谁复论”。日中两国相互间有必要构筑起一种前述诗句所描述的那种重视信义、不记功名的信任。衷心希望中日两国能够出现一批胸怀世界大局、致力于世界和平的领导人。

中日有差异的历史观(二)

明十三陵坐落在北京北郊八达岭长城的附近,明成祖永乐帝以及其他十二位明代皇帝就安葬于此。明太祖洪武帝因卒于南京,所以其陵墓建在南京。明朝之后以北京为首都的历代清朝皇帝的陵墓则分散在河北省的两个地方:一个是在北京往东一百五十公里处的遵化县的清东陵;另一个是在北京往慈禧一百三十公里处的易县的清西陵。乾隆帝及慈禧太后等就长眠在东陵。

明朝的开国皇帝——太祖洪武帝朱元璋生有二十六位皇子,其中正室皇子有五位。虽然长子被立为太子,但四皇子燕王朱棣的才能,特别是军事才能更为出众。皇太子英年早逝,洪武帝死后,皇太子之子朱允炆即位并改年号为“建文”,成了建文帝。由于担心拥有兵权的藩王皇叔们犯上作乱,建文帝仿效前汉实施了削藩及废藩的改革,被逼入绝境的燕王朱棣兴兵反叛,并且摧毁了建文帝政权，随后从南京移都北京，改年号为“永乐”。至此，朱棣成了永乐帝。

当时，永乐帝直接抹去了建文年号及建文帝存在的历史，宣称皇位直接传承自洪武帝。永乐帝实施的一系列对历史的篡改充分说明了中国人的历史观。这一段历史直至三百多年后的清朝乾隆年间才得以澄清，时间之长确实令人惊叹。

时隔三百多年，依然要对这段历史翻案，与其说是“执着”，还不如说是“这种做法本身就真实地反映了中国人的历史观”。日本人必须明白，古往今来出现在中国历史上的大人物们经常都是以这样的历史观来驱使自己行动的。中国有一句话叫“照汗青”，这里的“汗”就是竹汗(水分)，古代中国以竹简代纸记事，制简时须用火烤去竹汗，再在简上写字。此处的“汗青”有“史册”之意，所谓“照汗青”即“留英名于史”之意。宋朝忠臣文天祥的“人生自古谁无死，留取丹心照汗青”的诗句，也正是基于中国人留名于史的历史观。

儒家经典四书五经中的《春秋》是中国编年体史书之祖。相传孔子曾根据自己的观点对《春秋》中的历史事件和人物作了褒贬评判。《论语》也好，《孟子》也罢，其实就是孔子、孟子及其学生的言论集,其内容几乎都是某时、某国的某人说了这样的话之类的。吕不韦的《吕氏春秋》及前汉的《淮南子》等,也是古代圣人们的一些言行录。自《史记》及《汉书》之后,各王朝的正史编纂已经成为惯例。然而,中国人编纂历史的人为的情感色彩却过于浓重,不理解这一点,日中间的历史观的不同就只会进一步加深相互间的误解。

作为皇权的代价,中国的历代皇帝们一直以来必须是公众性的存在。皇帝的个人行动是受到极端限制的,这一点也许与天皇家族有共通的一面。与手中至高无上的权力相比,难以想象的是他们的所有言行都会由起居舍人和起居郎记录在案,甚至连每晚被宠幸的女性也被记录在案,这些都会在新王朝编纂前王朝正史之时公之于世。

一个什么都可以付之流水的民族,一旦和一个视历史比生命都重要的民族碰撞在一起,怎么能够不产生误解?更不用说要对方接受“死了之后就成‘佛’了”这样的观点了。因此,相互间连正常讨论都无法展开也就不足为怪了。中国政府曾经非常严厉地追究并严惩过战犯和汉奸,这是基于中国人历史观的一种行为，对不具备这种历史观的日本人来说，也许难以理解。但是，清醒地认识中日两个民族在历史观上的不同，才是踏出相互理解的第一步。

看看最近的“中国崩溃论”、“中国威胁论”以及“中国流氓国家论”，再看一下书店的中国柜台，映入眼帘的是清一色反中、嫌中及侮中内容的书籍，我个人认为上述现象均源自对中国经济实力的日益增强和中国在国际社会中与日俱增的地位的嫉妒和排斥，这种嫉妒和排斥进而转化为日本方面一厢情愿地“希望中国崩溃”的愿望。其实两千多年的日中交流史中，日本领先于中国只不过是自明治维新后的一百几十年而已。

在表示“把历史作为一面镜子”之意时，中国人经常会使用“借鉴”一词。“鉴”意为“镜子”，此词一出，我们就应该做好充分的思想准备，即中国人是不会轻易忘却那段屈辱历史的，更何况新中国建立才六十年，当年二十岁的人现在才八十岁，而当年十岁的孩子现在也不过七十岁而已，他们对日本军队的所作所为是记忆犹新的。

我第一次去南京是在 1976 年。当时，南京大屠杀遇难同胞纪念馆尚未修建，有的只是被称为雨花台的革命历史纪念馆。纪念馆的烈士们几乎都是被国民党杀害的。到了1985年才建成了南京大屠杀遇难同胞纪念馆。我个人认为,在日本军队的残暴行径中更值得一提的是日本军队的“三光政策”。所谓“三光政策”即指日本军队针对河北、山西两省的农村实施的“烧光、杀光、抢光”的政策。美国军队在之后的越南战场上也实施了“三光政策”。这确实是人性丧尽的极致。我相信只有认真面对史实才能产生相互间的信任。

以民为本

位于北京东北二百五十多公里的河北省承德有座清朝的避暑山庄。北京西郊的颐和园和圆明园的规模之雄伟让人惊叹不已,但跨越长城直达塞外的承德避暑山庄的规模更胜于前者。被称为热河行宫的这座皇家园林布满风景如画的离宫,无论春夏秋冬都如美丽的油画。它的四周分布着外八庙等寺院,又是一道独特的风景线。

清朝的皇帝们每到立秋就来到这儿。在北面一百多公里外更有木兰围场,皇帝们就在这儿狩猎三周养精蓄锐,并会见蒙古、西藏、青海等少数民族的首领。作家余秋雨在他的随笔集《山居笔记》中记载了康熙帝与避暑山庄的轶事。从北京来避暑山庄必须穿越长城要塞古北口,那儿曾是抗击日寇的战场。1691 年古北口守备蔡元看到长城到处损坏,上书请求修理,康熙帝这样回答:“自秦修筑长城以来经汉唐明都修理过,但明末我太祖还是率大军入关,长城在各地瓦解是不可避免的。守国之道在于修德安民,众志成城,修理如古北口那样的长城,只会劳民伤财,并且几千里的长城要多少守军才够呢?还是不修为妙。"

康熙帝"白骨筑城,岂不是亲者痛仇者快"的思想,和武田信玄[①]的思想正好相通。取得中国革命胜利的毛泽东领导红军时制定了以民为本的"三大纪律八项注意"的方针,兵力占绝对优势的国民党失败的原因也在于失去了民心。明君唐太宗李世民在《贞观政要》中这样说道:"为君之道,须先存百姓。若损百姓以奉其身,犹割股以啖腹,腹饱而身毙。"

孟子也说过:"民为贵,社稷次之,君为轻。"中国的历代皇帝在思想上都采取爱民的政治,皇帝愚钝人民就受苦,皇帝奢侈人民就反抗,皇帝的保质期一过就改朝换代。民声即天声,与民同舟共济才是政治的根本,这样的例子在史书中随处可见。自《诗经》以来许多文人墨客都不遗余力来传达这种思想,读中国的古典是很有趣的。

---

① 武田信玄是日本战国时期名将,原名武田晴信,因具有卓越的军事才能,号称"战国第一兵法家"。

《吕氏春秋》卷十九“适威”记载了我们必须学的轶事。春秋末期,吴国和越国争霸,吴王夫差打败了越王勾践,但二十年后吴反被越所灭。后来战国时的魏武侯问大臣李克:“吴国为何灭亡?”“因为吴国屡战而屡胜。”李克答道。武侯问道:“屡战而屡胜是国家的幸运啊,但为何吴国灭亡了?”李克答道:“屡战使百姓疲惫,屡胜使君主傲慢,傲慢的君主奴役疲惫的百姓,能不亡国吗?君主傲慢就会奢侈放肆、劳民伤财,百姓疲惫对君主就会怨声载道、揭竿而起,吴国的灭亡还算是慢了。”

战前的日本军阀及远征越南和伊拉克的美国都应吸取吴国的教训。美国如果继续派兵阿富汗的话等于是自杀行为。

和平不是靠战争获得的,而是靠和平的愿望建筑的。不应该靠战争获取与建筑和平,而应播撒和平的种子,生出和谐的果实。靠战争维持和平其实是在狡辩,不管是塔利班还是其他激进组织都应该通过谈判解决问题。

1976 年美国欢庆建国二百年时,曾经的吴都苏州却在悄悄地庆祝成立两千五百年。吴越之战后两千年间默默无闻的苏州到明代因成为商业城市而复活,经过明清又建造了许多私家园林,成为“上有天堂,下有苏杭”的风光明媚的旅游胜地。

老百姓

汉语中的“老百姓”是指平民、民众、一般大众。在北京打的时，往往能看到车内备好的月刊《百姓出租》，这杂志内容广泛，是我的最爱。北京现在打的起步价是十元，地铁无论多远一律二元，奥运会召开前夕还新开通了几条路线，出行更加方便。除此以外还有巴士等公共交通，费用便宜又随处可乘，感到真的很实惠。

中国的贫富差距严重，高级商场和各大卖场的世界名牌产品比日本还贵，但我还是亲眼看到柜台前挤得水泄不通。平民百姓只是在百货店和超市买些低廉商品，在饭馆只吃十到二十元就可吃饱的简餐。北方人的主食是馒头和花卷，挺大的分量五个才两元。北方人穿着很朴素，从上到下很整洁，虽然过得不富裕，但活得开心。

北京的特产北京烤鸭在专卖店只要花一百几十元就能吃到一整只；还有一样特产涮羊肉，一份才几十元。但鲍鱼、燕窝、鱼翅贵得如天价，最便宜的也要三千或五千元。如果吃家常菜，在普通的饭店就能吃到比日本更便宜可口的饭菜。早饭油条和豆腐花三元就能吃饱，而在高级宾馆最普通的菜肴也要两千元。

住房和日本也不同，房产没有土地所有权，只有使用权而已。买高级公寓一套要花几千万元，普通公寓也要几百万元。私家车不要说外国名牌，连普通的国产车也要十几万元；但令人奇怪的是，北京、上海却出现了车牌号“一号难求”的现象。

我在北京和上海询问了来自各地的打工者的生活状况。他们都以老乡的方式一起合租，相互帮助，遇到经济拮据时就互相救济，一张床两人睡，如三个人就两个睡床一个睡地板，这在农民工中很普遍。这种形式只有在老乡的聚落中才存在，这种互助精神在来日留学生中也较普遍。过去的华侨就以老乡的方式建立互助组织，互相救济的情况和现在差不多。

中国人的互助精神在古书中多有记载，不论是亲情还是友情，几千年连绵不断的生活智慧通过互助互济体现出来，这在日本是看不到的，体现了中国人的善良和智慧。年少时我曾在香港以及新加坡华人中见过上述现象，这种互助精神才是中华民族几千年积累而成的传家宝。

自从改革开放以来，在日的华侨已达到近百万人。他们在日本辛勤工作着，接受了日本人的勤劳、有序有行、亲切有礼、时尚、正直认真、清洁等优点，同时他们也发挥中国人特有的互助精神，得到了日本、日本人和日本文化的肯定。

日本自满地夸耀经济的时代已过去，现在只有政治影响力和剩下的文化遗产。日本人应当认识到只有尽力帮助正在发展的中国，和中国一起前进，才有日中两国的未来。

我认为，中国高举“小康社会，和谐社会”的旗帜是符合中国实际的。我坚信中国前进的方向是对的，从中国老百姓身上可看出这种可行性，将来他们的互助精神必定在国内和国际政治舞台中呈现。

由“侠”字说起

日本战败后的昭和二十年(1945 年)10 月,为了消除劳动阶层的不安以及给予必要的救济,日本社会党应运而生,但五十年后,随着村山内阁的诞生,日本社会党也结束了其使命。

细细琢磨一下“社会党”这三个字,就会发现都有“非血缘关系的共同体”之意。据有“中国研究权威”之称的新岛淳良先生说,“社”字表示祭奠土地神的乡村共同体。而“社稷”则指土地之神和谷物之神,随之而来的“结社”、“学社”等都意味着为了某个共同目标而形成的集团。当然,日语中“会社”的“社”也是这个意思。

“会”字的原形像一个带盖儿的锅,本义为“聚集、聚会、会面”,也用于指某个共同目标下聚集起来的团体,例如中国历史上的“天地会”、“哥老会”、太平天国的“拜上帝会”、义和团的“大刀会”,还有孙中山等人的

“兴中会”、“光复会”、“中国同盟会”等。

“党”字本来具有“同吃一锅饭、共祭一个神的乡亲或同伙”之意，由此扩展出“乡党、政党”等含义，自然，“中国国民党”和“中国共产党”中的“党”字也不例外。

“社”也好，“会”也好，“党”也好，都因为有侠义结社的意义而被后人广泛使用，而这个“侠”字从字形看像是两肋下抱着人，意思仍然是同伙、自己人。认知中国决不可以不弄明白这个“侠”字。日本人给“侠”字缀上“仁”、“任”二字，造出了“仁侠”和“任侠”两个词，其中的“仁”字有哥俩好之意，“任”字则有托付之意，从这个意义上说，“仁侠”和“任侠”两个词与中文中的“侠”之原意并无太大差异，但中国人更常说的是“侠义”和“侠气”。

在中国，姓马的男“大侠”就被称为马大侠，姓王的女“大侠”就被称为王女侠，这些武侠小说里的主人公们现在也是中国社会的顶级英雄，金庸和古龙的武侠小说不仅拥有大量男性读者，在女性中也相当有人气。几年前中国有一部走红的古装电视喜剧《武林外传》，以明朝的一个叫“同福客栈”的旅店为背景，讲述了一群男女侠客的故事。剧中无论是女掌柜的陕西方言还是小女孩的顽皮淘气都非常生动有趣,这样的电视剧要是能在日本播放的话,肯定会对日本人了解中国有所帮助。

第二次世界大战之后,美国通过电视剧、电影和音乐将美国的形象深深地烙印于日本人的心中,这一点对以后保持日美友好关系起了很大作用。中日关系最好的 20 世纪 80 年代,日本电影和电视连续剧接连不断地引进中国,当时文化娱乐活动比较贫乏的中国人通过日本演员和歌手多少了解了日本,产生了一些亲近感。吉永小百合、中野良子、栗原小卷、山口百惠、高仓健那一代人,至今还被中国人津津乐道。

然而进入 90 年代,中国进口欧美电影越来越多,从日本引进电影和电视剧大幅度减少,日本电影以及明星不可能再像 80 年代那样走红。自然,中国电影和电视剧也不能大张旗鼓地出口到日本,张艺谋、田壮壮、陈凯歌这些被称为“第五代导演”的作品虽然在日本也很引人注目,却只能在小剧场里放映。

言归正传,“社”、“会”、“党”以及“侠”往往是“反权力”、“反政府”、“反社会”的团体,其共通的组织原理就是对友情的彻底尊重,集团内不言而喻的最基本规矩就是“不可以背叛朋友”,而“为朋友两肋插刀”则被看作最高美德,在这种情况下,朋友远比家庭、政府、公司重要,法律更得给人情让道。

起源于游牧社会的欧洲,到近代逐渐形成唯法为大的价值观;而起源于农耕社会的中国,则形成了唯人情为大的价值观。孰是孰非,并不是几句话就能决定的。

中国人的“面子”观

历史上，中国一直是战乱不断。兵荒马乱中人们悟出了这样一个道理：国家和法律都不可靠，可靠的只有家人和朋友，而与家人、朋友之间的关系就是一个人的全部。用今天的话说，就是将家庭关系和朋友关系凌驾于国家法律和公司集体之上。这一点充分体现在中国人和日本人在生意场上的不同：日本人看重背景，总是扛着公司的招牌做生意；而中国人首先要看对面这个具体的人是否值得信任。

中国人非常喜欢武侠小说，但中国武侠小说的主题思想与日本的历史剧却有所不同，关于这一点，日本人只要翻翻金庸的几部已被翻译成日语的武侠小说便可得知。日本历史剧的主题是忠孝思想和劝善惩恶，而中国武侠小说的主题是义心侠胆。具体地说，中国人不会被《水户黄门》①

① 《水户黄门》是日本久演不衰的电视剧，讲述江户时代人称“水户黄门”的德川光圀微服私访、惩恶扬善的故事。

和《忠臣藏》[1]的故事感动而流泪，反倒会为《昭和残侠传》[2]里的高仓健和池部良喝彩，因为中国就是个崇尚侠义的世界。

中国的孔孟之道亦即儒教之基本理念是三纲五常。所谓“三纲”是说君臣之道、父子之道、夫妇之道；所谓“五常”是说仁、义、礼、智、信。但中国人在讲孔孟之道的同时，实际上更注重的内心信念是侠义。这个侠义既是中国人的道德原点，也决定着中国社会的人际关系。

纵观中国历史，每当一个王朝临近灭亡，必定会出现一个侠义集团，如东汉末的黄巾起义、唐末的黄巢起义、元末的红巾军起义、明末的李自成、清末的太平天国等。此外，孙中山也是凭借各地的秘密社团之力取得了辛亥革命的成功。

“面子”是直接反映侠义思想的一个词，在古代中国，为“面子”要拔刀相助，为“面子”要粉身碎骨，“面子”比一切法律、规则都重要。如果将法律和“面子”放

① 《忠臣藏》是以江户中期元禄年间的“赤穗义士事件”为背景的歌舞伎、电影或电视剧，讲述义士杀死仇人、为主人报仇雪恨的故事。

② 《昭和残侠传》是曾风靡一时的“义侠”系列片，由高仓健和池部良共演，塑造了滴水之恩涌泉相报、冲锋陷阵、视死如归的热血男儿形象。

到天平两侧，肯定是“面子”一头沉，这就是中国社会的现实价值基准，这一点一定要牢记在心。

在中国做生意，常常会碰到这样的场面：中国人边喊“老朋友”边与你热情握手，边喊“老朋友”边与你推杯换盏。但要知道，此时的“老朋友”只是场面上的话。对于真正信得着的人，中国人不叫“老朋友”，而叫“自己人”，或者进一步，叫“哥们儿”。

“自己人”也好，“哥们儿”也好，都与“面子”一样远远比法律重要得多，“自己人”或“哥们儿”所托付的事情永远都是头等大事，必须立即照办，不如此的话便会被认作背叛朋友而遭到众叛亲离。总之，“面子”大于天，人际关系大于天，中国人的价值观就是如此。

信奉“法治国家”是一种价值观，信奉“人治国家”，也是一种价值观，到底哪一种好哪一种不好，并不是轻易就能断定的事情。秦始皇曾想过采用韩非子的思想严法治国，但秦朝一亡，中国便立即放弃了“法治”思想，从《史记》开始，正史中更有专门的《酷吏传》，专章贬毁以凶狠残暴著称的酷吏。这也就是说，中国早从秦汉时期起就开始以人情定乾坤了。

在中国，很多情况下，如果被朋友或上司说句“这事儿就托给你了”,即使违法乱纪也得办成,办不成便是没了“面子”;而你的朋友或上司也许不会沉默,他们会认为“那家伙不够朋友”而将之排挤出圈子,大权在握的上司甚至会动用权力处罚你。

而且,中国社会的人际关系是在“给”与“取”的反复中得以巩固加深的,一个人若为他人办成过事,那么他以后有事求人时便很容易。我在有求于中国友人时,有时会说“请给点儿面子”,这时对方就会认识到事情的重要性而竭尽全力为我办好,因为中国人都知道再没有比“面子”更重要的事情了。

有这样一个新闻报道,题目为《中国市场从“人治”到“法治”》,说中国正在向法治国家转变,强调契约社会的重要性。的确,现在的中国,日常工作中各种事务已经能够按照法律法规去迅速处理,但一旦发生突发事件就不一定是那么回事儿了。

报道里登场的是曾做过日本某大企业法律顾问的著名律师。有一次,此公司在中国的合资公司被卷入一件走私案,并以走私嫌疑被起诉,该律师万般无奈后找到了我,我则和中国朋友一起动用了人际关系,结果是未经公审就撤了诉,“法治”在这一瞬间变成了空话。

在日本，严格守法已经成了社会共识，但在中国却并非如此，中国宋代的包公（一个与日本“远山金先生”①相似的人物）被中国人歌颂了千百年，就是因为他断案时既能光明正大又能兼顾人情。而现在的中国，人情之上还得再加上钱的因素，在这种“面子＋人情＋钱”的准则下，有些时候法律自然而然地更没有了用武之地。

① 远山金先生指江户时代江户市内被称为“町奉行（主管司法、行政、治安）”的远山金四郎，他惯以普通百姓“金先生”的身份深入民间侦察案情，掌握证据，最终惩治恶人。

中国的官与日本的官

2008年，日本前防卫省次官（相当于中国的国防部副部长）守屋武昌因在任期间受贿被判处两年六个月实刑，一时世间舆论大哗。仔细想想，多少觉得守屋武昌有点儿可怜，就算受邀打了一百回不花钱的高尔夫球，也不过是几百万日元的事情（一百万日元约折合人民币六万多元），在日本的高级餐馆吃请一百次，总额也超不出几百万日元。在中国，可能不少贪官拿到的好处都不止这个数。

曾听过一些小道消息，说某高官的儿子在没有担保的情况下就能从银行弄出大笔资金，然后摇身一变成为有名企业的大股东；说某高官的儿子同样无担保从银行借出大笔资金，再通过股市内幕交易赚取巨额财富。据有关资料，1990年以来，中国平均每年因贪官流失到海外的国家资金为一百亿美元左右。

与这样的天文数字相比，守屋武昌捞的那点儿实在是少得可怜，还有他的那些诸如夫人一起吃请、身边美人相伴之类的丑闻在中国也根本算不上什么大不了的事儿。当然，这里并没有为守屋武昌喊冤叫屈的意思，而是想借此说明一件事：同样一个官，在日本当与在中国当，那是有着天壤之别的。

翻开日本的权威辞典《广辞苑》，“官吏”一词的解释如下：“在明治宪法的框架之下，由国家选任的、忠于国家的勤勉尽职者，大体上等同于现在的国家公务员。”而对“官僚”一词则解释为：“官员群体。对政策决定施予影响的高级公务员群体。”

而在中国，“官”和“吏”自古以来就是两回事情。“官”是通过科举考试由皇帝任命，并代皇帝行使征税权和审判权的高级官僚。“吏”则是具有“官”之私家兵性质的低层官僚。既然是代天子以管天下，“官”们自然有理由、有办法中饱私囊。因此说，中国的科举制度是中央集权制的根源之一，而这种传统色彩在现在的中国也还是很浓厚。

自古以来，日本就不断地从中国引进各种文化，包括一些经由朝鲜半岛而来的文化。细数日本的古代文化，从赖以生存的稻耕开始，到汉字、佛教、儒教、道教、律令制度等，无一例外全都来自中国。当代日本人也许对道教感到陌生，但实际上《日本书纪》和《续日本记》中都有关于道教的记载，役小角[①]创立的“修验道”派其实就是道教的演变。进入日本史上的中世纪后，即便日本政府不再向中国派遣隋使、遣唐使，从中国大陆引进的文化却仍然源源不断，平清盛[②]在神户兴建港口，繁荣了与中国宋朝的贸易，镰仓佛教就是这个时期直接从中国传进的，足利[③]时代更是保持了与中国元朝和明朝的贸易往来，从高雅的文学、绘画到大酱、酱油、豆腐等食品，日本广泛地得到了来自中国的恩惠。

然而，也不是所有的中国文化都被日本全盘接受了，当时明确被日本挡在国门外的有三种文化，那就是科举制、宦官制度和缠足文化，邻邦朝鲜则引进了科举和宦官而拒绝了缠足。关于宦官与缠足的利弊不在此处讨论，这里单说拒绝引进科举制度这一点，就事关日本今天的官僚制度。

---

① 役小角是日本修验道之开山鼻祖。

② 平清盛是日本平安时代末期的著名武将。

③ 足利氏是日本历史上活跃于平安时代至室町幕府时代的武家。

没有实行过科举制度的日本，镰仓[①]武士所倡导的廉洁和廉耻心与德川幕府[②]二百六十多年间培育出来的武士阶层的俭朴节约、灭私奉公思想，共同构成了明治以来日本官僚制度的思想基础，也成为明治维新后痛快地从西洋引入公仆(civil servant)思想的前提条件。虽然偶有守屋武昌之类的人物出现，但总体上日本的官僚们一直保持着较高的道德水准，而这一点，正是近代日本发展的原动力。辩证地看，守屋武昌事件与厚生省、大藏省、防卫省的一系列丑闻一样，反倒能给国民提供一个重新思考道德水准的好机会。

从科举制度而来的官僚制度，不可避免地要受到科举制度本身弊病的影响，换句话说，科举与腐败是一对孪生子。中国的科举制度由隋朝开始到清朝结束，前后共经历了一千三百多年，其影响可谓深远。现在科举制度虽然已被废除，但经过激烈的应试竞争层层拼杀出来的“官”们与古代的金榜题名其实也没什么两样，所以以权谋私对当事者们来说是自然而然的事情，

---

① 镰仓幕府(1192—1333)是日本历史上以镰仓为全国政治中心的武家政权。

② 德川幕府又称江户幕府(1603—1867)，是日本历史上最后一个武家政权，因位于江户城(今东京)而得名。

社会环境方面对此也相当容忍。因此说，科举制度使得中国不具有培育“社会公仆”意识的土壤。

前些日子，中国某大学教授大发感慨，批评现在的名牌大学毕业生都争先恐后想当官，而极少有人愿意留在大学里做学问，其实这也间接地说明了在中国做“官”的利益诱人之处。

也因为如此，要想在中国做成生意，成败取决于与当地官员的关系，而要和官员搞好关系，就一定要记住“水至清则无鱼”这句老话。

顺便说几句，中国的官员都是有相当水平的美食家，初去某地想打听哪儿的餐馆好，最正确的选择是问当地的官员，尤其像“外办”这种经常接待外宾的机构，对吃喝那是讲究到了家。以前访问南方某城市时，当外办主任的朋友因连日会议不得脱身，便将其司机带车一起派过来，该司机接连几天领着我去转，所尝食品无一不是极品美味，想必是经常跟着领导、耳濡目染无师自通了。

日本为什么没有宦官

前文说过，历史上日本曾拒绝引进中国文化之一的科举制度，并认为科举制度是现在中国官僚腐败的根源，此篇接着说日本从来没有引进的另一个中国文化——宦官制度。

所谓“宦官”，不言而喻，指被阉割了的、专门伺候皇帝及其家族成员的官员。宦官在古代埃及和美索不达米亚也曾存在过，但我们对中国史上频繁出现的宦官们无疑更加熟悉。

要成为宦官就必须先被阉割，而“阉割”文化原本是全世界各游牧民族的共通文化。或为了驯养家畜，或为了让动物的肉柔软好吃，他们都会将动物阉割，因此，对于游牧民族而言，阉割动物是非常普通的日常行为。

但对于习惯于山青水秀田园风光的农耕民族日本人来说，却无论如何都难以接受“阉割”这件事儿，更不要说实施于人了。而汉民族因为与匈奴等游牧民族的历史渊源较深，故从西周开始就已经有宦官存在了；此后的中国历史上，这些贴身侍候君主的宦官队伍里不时地就会出现一两个篡国夺权、祸国殃民的人物。

不妨从秦朝开始挨个数。秦始皇死后，赵高篡改诏书，立始皇幼子胡亥为帝，并逼死始皇长子扶苏，秦朝很快走上末路；东汉有因不附外戚而被封侯、一时权倾朝野的郑众和蔡伦；唐朝有高力士，武则天时代崭露头角，唐玄宗时代青云直上，权力达到顶峰；大概是物极必反，令人心有余悸，宋、元两朝的宦官为害不太大，可到了明朝永乐帝年间，宦官势力再次登峰造极，一时间宫中竟有几万名宦官，其中既有几度下西洋的郑和般的优秀人物，也有掌控了军事、警察、司法大权，播弄天下于掌上而臭名远扬的刘瑾、魏忠贤之流；最后是清末慈禧太后时代著名的李莲英。由此可见，要谈中国的历史，根本绕不过宦官这一块儿。

大致而言，历史上的中国宦官势力是为了对抗、平衡外戚势力而被重用的，因此具有一定意义上的必要性，而日本历史上却不存在这种必要。

中国的历代王朝还有一个特点：每当优秀的皇帝

当政，就会带来一个灿烂光辉的盛世；而每当庸碌的或者年幼的皇帝执政，必定会有激烈的外戚与宦官之间的势力争斗。汉初和唐初都出现过辅助皇帝建国的优秀宰相，宰相之下设立了以“士人”、“士大夫”等知识阶层为主的官僚机构来管理国家，然而一旦被外戚和宦官掌了权，宰相和“士人”就束手无策了，因为外戚和宦官都可以直接接触皇帝，无论什么事情，他们只要假传圣旨说是皇帝的命令，就可以横行天下。

从权力财富继承方面看，本来宦官们没有后代，因而不可能世袭，但明朝的宦官们却将阉割了的孩子收为养子以继承自己的地位和财产；而外戚们则是一人得道鸡犬升天。中国历代朝政其实就是这样一个循环往复的过程。

日本为什么没有"缠足"

与科举文化和宦官文化一样,缠足文化对现代中国人的人生观以及生活方式也有着重大的影响。

所谓"缠足",是指女孩子在三四岁时,长辈会将其脚趾向内用力屈曲,再用一条狭长的布带紧紧缚住,从而使孩子的脚不能自然生长而弯曲畸形。这种缠足习俗从唐朝末期开始,到南宋时成为社会风尚,然后一直持续到清朝末期。中国的女性小时候要强忍疼痛,长大后不能自由行走,就这样被整整折磨了近一千年。要问为什么会有这样违反自然规律的事情发生,其责任并不在于女性自身,而在于将女性视为玩物的男性。按照当时"小脚为美"的社会风俗,从小不缠足的女子长大后是嫁不出去的。

这种将女性视为玩物的做法,其实是封建思想中蔑视女性的一种表现。在中国历史上,蔑视女性的封建思想还表现在其他一些方面。例如,普通人家的女子结婚前在娘家可能还有个名字，但一旦出嫁去了夫家，就没有了正式名字，而只剩“某某氏”或“某某家的”了，有低人一等之嫌。

日本人很难理解“小脚为美”这种审美观，认为畸形病态的小脚根本就是与“婵娟”、“窈窕”等美丽形象背道而驰的。在家庭关系方面，日本女子一旦结婚立即改随夫姓，“名正言顺”地成为夫家的一员。

中国历史上也有过几次女性大权在握的时期，唐朝的武则天、清末的慈禧太后都是权势登峰造极的人物，她们有一个共同之处，那就是残忍、心狠手辣。

还有，中国历史上家喻户晓的几大美人都不是堂堂正正的结发妻子，西施也好，杨贵妃也好，充其量都只是情妇(或妾)的身份。1949 年新中国建立后，国家响应毛泽东“女子能顶半边天”的思想，提倡男女平等，实行双职工制，一时间，泼辣能干不让须眉的“李双双”成了全社会的模范。但是，随着中国改革开放和经济飞速发展，中国历史上造成缠足现象的那些背景文化死灰复燃了，中国一些女性(特别是年轻女性)的价值观念发生了倒退性变化，重新开始探求起作为玩物的自身价值，其结果是，社会上色情产业日益兴旺，养妾

(或情妇)现象不断增多。让人不禁感慨,难道说这是中国的民族特性吗?

北京和上海的夜总会聚集着来自全国各地的美女,她们认为给有钱人当情妇是理所当然的事情,因此她们会非常清醒地去寻找合适的"目标"。而找个年轻小伙子结婚,二人共同奋斗白手起家则根本不在她们的考虑范围之内,只要能一步登天过上奢侈生活,对方是爷爷辈都不成问题。要是能从对方口袋里再多掏出一些钱来,在老家为父母买套房子,那就是天下大孝,更有成就感了。她们的这种思维方式与缠足时代的社会价值观其实是完全一样的。

中国人常说"三大件"这个词儿,用途广泛到各种领域。举例说,建国初期年轻人结婚的"三大件"为缝纫机、自行车、收音机;改革开放后生活好了,"三大件"也升级为彩电、冰箱、手机;而现今"三大件"则已经贵为房子、私家车、电脑。官场也有"三大件",据说最近有的政府高官中流行的"三大件"是情妇、豪宅、名车。

缠足文化和养妾文化本质上是一回事,这种文化既反映在《金瓶梅》、《红楼梦》等文学作品中,也体现在当今某些中国年轻女性的价值观和人生观上,而且,她们本人还以为这就是幸福而乐在其中呢。

日本的平安时代也是视女性为玩物的时代,《源氏物语》干脆就是一部花花公子处处留情的故事。万幸的是,日本的白拍子①文化与义经、静御前②很快便退出了历史舞台,继之而来的镰仓时代的北条政子和松下禅尼③则以自己的杰出奠定了日本女性的地位,之后,战国武将的妻子们中也有数人留名青史,江户时代④武士妻子们的善行美德在山本周五郎⑤的《日本妇道记》里已有详细记载。

不可以忘记的是,在日本,女性得到的评价原本就是很高的。在平安时代⑥之前的飞鸟时代⑦、奈良时代⑧,都出现过优秀杰出的女性,只不过奈良时代的女性并没有像现代女性那样将妇女的权利主张旗帜鲜明

---

① 白拍子是指平安末期至镰仓时代的歌舞,后又指表演“白拍子”的歌舞女。

② 义经即源义经(1159—1189),是镰仓时代创始人源赖朝的弟弟,他与“白拍子”静御前的爱情悲剧多次被改编成歌舞伎和木偶剧。

③ 北条政子(1157—1225)是日本镰仓幕府开创人源赖朝的正妻。松下禅尼是日本镰仓幕府第五代执权北条时赖之母。

④ 江户时代指德川幕府统治日本的年代,又称德川时代(1603—1867)。

⑤ 山本周五郎(1903—1967)是日本著名作家。

⑥ 平安时代(794—1192)在日本历史上指幕府政治以前以平安京(今京都)为都城的时代。

⑦ 飞鸟时代(593—710)上承古坟时代,下启奈良时代。

⑧ 奈良时代(710—794)上承飞鸟时代,下启平安时代。

地表面化而已。其实当时日本妇女的权利已经受到了社会的充分尊重和承认，地位也不低微，甚至还出现了推古天皇和孝谦天皇[①]这两位女天皇。

也正是因为日本人对女性、对家的认识原本就与中国不一样，所以日本拒绝了从中国引进缠足文化。

有人说过，第二次世界大战后，变得越来越坚强的有两样：一是袜子，二是女性。在西方式的妇女解放、男女平等运动如火如荼时，应该注意到日本女性的权利早在奈良时代就已经得到承认了；而中国则由于其儒教文化的根深蒂固，还很难从男尊女卑的思想中挣脱出来。

① 推古天皇(554—628)是日本历史上首位女天皇。孝谦天皇(718—770)是日本历史上第六位女天皇。

官场如戏

中国有句成语,叫做“官场如戏”。按照我肤浅的理解,是指官场变幻莫测,充满了勾心斗角、尔虞我诈,如同演舞台剧一样。

在旧中国延续了一千多年的科举考试中,那些精通四书五经,能够提笔成章,并最终榜上题名的人,就可以官袍加身。换句话说,即便没有财政、军事、土木等方面的专业知识,只要懂古典文学,有写作能力,就连财务部长也能当,将军也能当,就这样,那些本来要求专业能力的重要岗位被一些非专业人员所占据了。在此种“官”体制下的一般思维是,专业领域里的事情就交给下级官员中的内行好了。

20 世纪 50 年代以后的一段时期内,不少地区因为任命干部只取决于其过去的军旅经历和思想高度,导致了非专业人员独占了各个领域的重要岗位;特别是“文化大革命”中,思想性远远比专业知识更受重视,

"红"绝对凌驾于"专"之上。

改革开放以后,专业知识得到了重新评价,技术型官员开始受到重视,出现了大批在海外留过学,既有专业知识又有实际经验的人才。但由于正值新旧交替,不可避免地会出现一些混乱现象。最近就经历过这样一件事:某机关的局长退休了,他专业知识深厚,在贯彻改革开放政策中发挥了很好的作用,因而受到外资企业广泛信赖。其后任则完全是个门外汉,据说是靠关系当上了这个局长,学历上连个正规的大学文凭都没有,后来还是靠关系拿到了一个"在职研究生"。此人上任之后,一个接一个地推翻了前任局长提出的各种方针,使业界陷入了混乱,但其本人却沉浸在施展权力的沾沾自喜中。这样的人和事在当今中国的不少地方都还在发生着。

轻视专业知识是科举制度的残渣,由关系和权力分配官位也是科举制度的残渣。在中国,人们习惯将政界称为"官场",这是个贬义词,含有虚伪、欺诈、阿谀奉承、勾心斗角等意思。清朝末期曾出过一部讽刺小说,书名就叫《官场现形记》,前面提到的成语"官场如戏",更是直截了当地说官场就像演戏一样变化无常。

中国政府机关办公大楼的构造恐怕也是日本人所不能想象的。在日本,不论去何处的政府大楼,看到的都是开放式的办公大厅,虽然局长、大臣等大人物拥有单间,但总体上在办公环境的透明化方面还是做得很不错的。而中国的政府办公大楼的内部则像宾馆一样,走廊两侧全是一个个单间,局长、部长、科长、科长助理一直到普通办事员,全都在单间里办公。外国人进不去这些单间而只能进会议室,本国人却可以自由出入。至于在那些单间里谈了些什么,局外人是无从得知的。

"文化大革命"中,曾有过"破私立公"和"斗私批修"两个口号,前者是说舍"私"立"公",后者是说与私心作斗争,批判修正主义。这两个口号的共通点在于都认为"私"是邪恶的,是坏事。也许有人认为这样的口号和观念出现在以"为人民服务"为人生最高理想的年代并不奇怪。但实际上,无论过去还是现在,中国都没有西方所说的"私人"概念,同样也不存在西方所说的"公共"概念,中国人所说的"公"指的是"无条件的正确公平的权力"。

按照西欧公民社会的理论,私人所有物,如个体生命、个人财产等都是应该最优先被保护的东西;而公共所有物,如学校、公园、图书馆等,都是作为对私人所有物的补充和完善而得到重视的。对于侵害私有物和公有物的一切暴力行为,都应当依照法律,由公共权力予以制裁。

但在中国,社会意识从一开始就认为“公”和“私”只能对立,而且通常认为“公”是正确的,对“公”有用时,“私”则有可能生存下去,若与“公”发生冲突,“私”则只有死路一条了。某些当官的一旦职就高位,其所作所为似乎就全部成了为“公”,即便中饱私囊,只要不是太过分,就不会被他人弹劾,本人也不会有良心上的自责。

但这些问题并不是共产党执政以后才有的,而是中国几千年间一直周而复始的现象;假设让权于所谓“民主”势力,恐怕最终也只不过是再重演一次历史而已。关于这一点,最明显的例子就是台湾的陈水扁,上台前极力标榜民主,得势后大肆贪污受贿。科举制的弊病就这样已经浸透了中国人的身心,所以,中国应该充分注意到这个问题。

漱石枕流

东汉灭亡后，经过三国，到隋朝统一中国前的这三个多世纪，历史上称为“魏晋南北朝”，老庄思想就是在这个时期得以兴盛的。同在这个时期，有一位名叫孙楚的才子萌生隐居之念，便对友人王济说要“漱石枕流”。本来“枕石漱流”是一个成语，意思是枕着石头休息，就着流水漱口，可是孙楚不慎说颠倒了。王济听罢大笑，揶揄道：“清水可以当枕头睡觉吗？石头可以当溪水漱口吗？”孙楚明知自己说错了话，可又不愿意认错，便诡辩说：“所以枕流，欲洗其耳；所以漱石，欲砺其齿。”自此，“枕流漱石”便成了一个新的典故。再后，此典故被一个生性诙谐的日本作家拿去，将自己命名为“夏目漱石”。

这个典故一方面调侃了嘴硬不认错，另一方面也说明了黑白颠倒或者诡辩自古就有。实际上“诡辩”这个词早在《史记》中的《屈原传》里便出现过。

如此这般的牵强附会、不愿认输也可以说是中国文化的一部分。在“面子”面前,真相也得让路。因此,外国人单纯地指责“中国不讲理”看起来说得在理,但其实是不对的,因为双方的价值观不同。要想和中国人和睦相处,就必须得有不计较一字一句的胸怀,并在此基础上以维护对方“面子”为前提来谋求问题的解决,这才是真正的聪明。

这里需要强调的是,这些所谓的“强词夺理”现象在中国从很早以前就一直如此。同时还要清醒地认识到,这是由与日本完全不同的历史发展所决定的。中国自公元前 221 年的秦始皇以来就一直延续着中央集权制,皇帝被称为天子,有着绝对权力,虽然也有过昏君幼帝被外戚和宦官“挟天子以令诸侯”的朝代,但即便如此,外戚和宦官也不得不假传圣旨,从而反证了皇帝的至高无上。

而直接为皇帝服务的是官僚群体。这个群体直接产生于科举制度,他们遵从的不是法规,而是皇帝的命令,而皇帝的权威又是远远凌驾于“法”和“官僚”之上的,这一点决定了中国与西欧以及日本的差异。在西方,“法”是官僚和皇帝共同遵守的东西,

"法"的权威要大于皇帝和官僚。但在古代中国,自秦始皇以来,皇帝的权力远大于法,所谓金口玉言,你敢抗旨就要你的命!在最高权力者面前,"法"只有屈下双膝。这是中国人用血泪凝成的思维。

西欧的皇帝们不过是地面上权力者中的相对强者,民众除皇帝之外还可以信仰其他的绝对权威,比如神。然而在中国,皇帝自己就是绝对权威,就是天子,就是超越一切的存在。

因此,中国的皇帝是从来不会有错的。作为皇帝的代表,中国的官员当然也不会有错的。中国人的"死不认错",要从长期的专制统治这个角度来理解。

中国为什么会缺少团队精神

观察棒球比赛对于认识这个世界非常有意义。

棒球运动是靠九个人协同作战才能发挥作用的一种运动项目。一个队中,既有备受瞩目的投手,也有严阵以待的捕手,明星人物和无名英雄同时存在。比赛场上,捕手引导投手,队长激励队员,而有时候击球手正准备大力击球时,却突然接到教练指示要"牺牲打"……总之,棒球运动需要团队合作。

如果有人一门心思要当投手,或者想当第四号击球手,那么,哪怕这个队强手如云都不会赢球。比如,第一个击球手出垒后,下一个击球手往往就要用"牺牲打"来掩护队友,这种时候他若不顾大局为出个人风头而大力击球,必然会影响全队的成绩。所以说,棒球的精髓就是团队合作。

细想想,棒球比赛和日本人的性格很相像。在日本,无论是企业,还是政府机关,都是在集体行动时将能量发挥到最高水平的。比起个人行为，日本人更尊重集体行为和组织行为。这一点是日本人的特性，也是推动日本经济发展的原动力，尽管经常被指责为缺乏个性、缺乏创造性，但日本人就是依靠这种团队合作精神创造出了今天，这是不争的事实。即使是泡沫经济崩溃后，日本虽然修改了终身雇佣制，改变了论资排辈等传统做法，但团队合作精神却一如既往，坐轿子的，抬轿子的，甚至编草鞋的，都还在各司其职、各尽其职。

北京奥运会时中国代表团获得了很多奖牌，但不知道中国人注意到了没有，奖牌中绝大部分都来自个人项目，从“美人鱼”郭晶晶，到赛前退场的刘翔，到乒乓球的郭跃、张怡宁，以及羽毛球的林丹，无一不是靠个人技术取胜的。此外，虽然还拿到了击剑、射击、射箭等项目的奖牌，但在棒球、足球、篮球、排球这些团体项目上却不能令人满意。此后的伦敦奥运会也是如此，估计到下一届奥运会也不会有大的改变。

本来，中国篮球队和排球队占有身高优势，应该拿到更多奖牌，可事实却是在世界体坛排名逐年下跌。为什么单独打斗时体能和技能都能发挥到极致,而一到团体行为时就不出彩了呢?这是不是与中国人不善于团队合作有关系呢?难道在体育运动上,中国人也如孙中山所说的“一盘散沙”?

曾有中国朋友对我说,中国人总是在“勾心斗角”,因而“活得很累”;接着问我日本的情形,并在听我说“日本不这样”时表示很羡慕。顺便说说韩国的情形。韩国小孩子们从小就被灌输要当“最好”,在这种争当“人上人”的重压之下,孩子们自然而然地就要踩着他人向上。而日本的小孩子从小被灌输的则是“与他人和睦相处”、“不给他人添麻烦”,长大后自然会注重团队合作,从而形成国民特性。

从社会学的角度看,由于中国和韩国的村落都由同宗同姓组成(例如,现在的北京市内,也还保留着“魏公村”、“白家庄”等带有同宗同姓村落特征的地名),因而中国人生活规范的基础只是宗族,而在宗族之外没有协助他人或者互相帮助的习惯,这种文化影响到今天,便有了前面所说的体育比赛结果。而日本的村落由不同姓氏组成,在这种所谓的“村社会”里,谁搞乱了集团秩序,谁就要被全村人孤立,此种文化直接构筑了今天日本人的集团意识和团队合作精神。

再举一个例子,在同宗同姓村落时代的中国,日本人所说的“家”的概念是不存在的。表现在女人嫁到夫家后不能随夫姓,不能随意建立养子关系,家庭财产全员共有,不分家连家产都没有,等等。在同宗同姓环境里生长出来的是血缘关系压倒一切,不考虑与其他人的互动合作,以及不善于集团行动,这是中国和韩国这样的儒教社会的共同特征。

书院文化

众所周知，儒家思想的基础便是所谓的“三纲五常”。“三纲”即君为臣纲、父为子纲、夫为妻纲；“五常”即仁、义、礼、智、信。尊崇君为臣纲、父为子纲、夫为妻纲的规范，信守仁、义、礼、智、信的行为准则，这才是为人之道。原封不动地接受了中国儒家思想的典范应该是韩国。在韩国，信奉“三纲五常”的程度较之中国有过之而无不及。也许正是因为太过于信奉中国儒家思想的缘故，韩国人往往只在君臣、父子、夫妻这种特定关系中信守礼仪；超出这三种关系的其他人际关系，则不讲究礼仪，这不能不说是一种怪现象。

与韩国不同的是，日本虽同样接受了儒家思想，但成为日本人生活规范的则是武士道、神道和佛教，特别是克己奉公的武士道精神不仅对武士道本身，还对商人、农民和手工业匠人产生了很大的影响。正是这种影响为日本接纳源自西欧的社会公德思想打下了坚实的基础，明治维新之后，西方的社会公德思想毫无阻力地融入了日本社会。

在儒家思想里还有一种超越三纲五常的人际关系，这便是师生关系。这种甚至超越亲情的关系在中国的武侠电影中经常会得到淋漓尽致的描述。可以这么说，人世间最美好的、最宝贵的莫过于师生关系。

回顾日中友好历史，有一个日本人是绝对不可忘记的，他就是宫岛大八先生。1880 年十四岁的宫岛在东京的清政府公使馆里跟着黄遵宪学习中文，之后又进入东京外国语学校继续深造，二十一岁的他来到中国并在保定的莲池书院拜张裕钊（廉卿）为师。之后，他跟着张裕钊在上海的梅溪书院、武昌的江汉书院和襄阳的鹿门书院等开始了长达七年的学习生涯，直至二十八岁回国。张裕钊是一位儒学家，曾国藩、李鸿章也曾对他的才能称赞有加。在得知隐居于西安的张裕钊老师病重的消息后，宫岛大八先生日夜兼程赶至西安，精心服侍张裕钊老师并为其服丧送终。宫岛大八先生以自己的实际行动诠释了在中国甚至超越亲情的“师生”关系。

此后，宫岛大八先生在东京创办了教授中文的善邻学院，成了在日本教授中文的第一人，并且培育出很多人才。所谓“书院”原本是供参加科举考试之人学习的地方。带着和中国善邻友好的愿望，宫岛大八先生为自己的学校起了“善邻书院”之名。宫岛大八先生不仅作为诗人而且作为书法家都有很深的造诣，名闻遐迩。他进一步发展了从老师张廉卿那里学来的中锋书法，在此基础上编创了具有自己独特风格的书法。据说收集了张廉卿和宫岛大八二人众多作品的“师生作品展”无论在中国还是日本都得到了大家的好评。

听说在保定莲池书院有为纪念师生之爱的“张裕钊、宫岛大八师生纪念碑”。某天，我约了北京的友人一起去保定观光，我的目的是看碑，而我的朋友们则是因为听说保定是有着“保定直隶总督署”和“保定军校纪念馆”等的文化城，才和我结伴同行的。途中，我们在高速公路上碰到了堵车，旧城区的道路不仅狭窄而且还车水马龙，一路甚是辛苦。但令人满意的是总督署和莲池书院都让我们参观到了。李鸿章曾经执掌政务的总督署和莲池书院的肃穆与墙外的喧嚣形成了鲜明的对比，在静静地叙述着历史的沧桑。

虽然是第一次访问中国的书院，但我此前不仅看过余秋雨笔下的《山居笔记》和《千年庭院》，还通过它们的摄影珍藏版对岳麓书院有了很大程度的了解。“惟楚有材”、“于斯为盛”是一副湖南人经常挂在嘴上的对联。莲池书院虽然没有岳麓书院那样的“惟楚有材”、“于斯为盛”的厚重感，但其校舍一溜排开，给人以非常明快、清新的感觉。这样的书院曾经遍布中国各地，当时人们都是把科举作为人生的奋斗目标。“十万进士”的说法实际上意味着那时中国的应试生已达百万乃至千万之多。这也许可以说是一种相通于现今高考的传统文化吧。我认为中国的书院文化绝不会因“书院”的消失而消失。

余秋雨考察中华文明的散文集《文化苦旅》和《山居笔记》以及考察伊斯兰文明的散文集《千年一叹》都是我爱读的书。因为喜欢，所以，只要有余秋雨的新作面世，我必然会去买。如此喜欢余秋雨作品的我，某天接到了北京杨晶女士的电话，电话里说她已经翻译了余秋雨的《千年一叹》，问我能否找一家出版社。余秋雨在中国几乎家喻户晓，但在日本却鲜为人知，因此，我觉得有点难度。凑巧，当时我朋友的出版社正在计划出版以亚洲为题材的作品，于是跟他谈及此事，幸运的是出版社立刻作出了出版该书的决定。

此后,《文化苦旅》也由杨晶女士翻译,并由杉浦康平装帧设计后得到了出版。余秋雨也偕夫人马兰女士来到了日本,又是各处讲演,又是去出版社礼节性地拜访,可谓忙得不亦乐乎,而我则理所当然地成了他们两人的全程翻译。因为此前早已读过他的全部著作,所以根本就没有初次见面的感觉,站在我眼前的就是被称为当今中国第一文人的作家。所谓的文人其实也没有一个明确的定义,毛泽东、郭沫若等不也是文人吗?我一边漫无边际地瞎想,一边又不得不感慨中国文化的深厚底蕴。

佛教东渐之道

中国经常会把公元前后分别称霸于大洋东西的汉帝国和罗马帝国拿来比较,比较它们的文化以及各种制度。那时候,罗马人在罗马到处建造神殿,以他们独特的信仰实施政治统治。而在中国,当时的统治者则是以儒家思想从精神层面实施对国家的统治。汉帝国也好,罗马帝国也罢,两大帝国的统治者都非常重视精神文明。这一点值得我们关注。为什么呢? 这是因为生活在现代社会的我们已经忘记了“精神文明”的缘故。

如今在美国,哪里还有精神文明? 从实现精神文明复兴角度看问题,可以说,中国和日本比世界上任何一个民族都更具备历史和文化层面上的条件。我坚信,只要中日两国的执政者都能站在精神文明这个高度上来施政的话,日中两国间的各种悬案都能得到解决,并且,世界各国都会以日中为榜样去追求这种升华了的和平。

那个时代,罗马人和汉民族相同的是,他们都具备一种能非常大度地接受不同民族、不同宗教、不同文化的包容力。所谓的“帝国”并不是因为皇帝实施了统治才叫“帝国”的,而是因为它具有无底的包容力和同化力的缘故。正是这种包容和同化的力量才是“帝国”称谓所在。像这种接受所有、包容所有的时代精神,在人类历史上是值得关注的。

古罗马和汉王朝曾经通过丝绸之路有过相互间的交流。不记得是哪一年的冬天了,我因为工作关系访问过甘肃省的金昌。在兰州下了飞机,然后坐着车观赏着路左边的祁连山脉,车在冰冻着的不毛之地上颠簸了大半天才终于到达金昌。穿过河西走廊出得长城,来到位于塞外的金昌后,感觉和一路上的萧条景象完全不同,借着改革开放之风,金昌到处都生机勃勃。金昌城背对着绵延不断的石头山,而石头山上淡粉红和灰色相间的斑驳色彩确实是一道难得的风景线。石头山出产铜和镍,可以这么说,这绵延不断的石头山正是金昌的兴旺之源。有朋自远方来,不亦乐乎,金昌的朋友们为了招待我这个远方的客人,中午、晚上宴会一个接着一个，朦胧的意识里好像记得有谁说过这样的话：“两千多年前，曾经有数千名战败的罗马兵将流落至此并定居金昌，也许是这个原因吧，这儿的孕妇时不时会产下金发婴儿。”

第二天一早，我查看了一下当地的旅游指南，旅游指南中确实有“前汉元帝建昭年间，有数千名战败的罗马兵从西域流落至此”的说法。元帝当时命令河西农都尉在番禾县(现在的永昌县)的南面为这些罗马兵建立村落并让他们定居在此。因为罗马人曾经被称为骊靬人，所以之后有一段时间里，那里也被称为骊靬城。然而，自那以后历经两千年，到今天仅仅留下了当时工事的残垣而已。

从金昌返回兰州的途中我去了武威。汉武帝派霍去病打下这里后，为弘扬“武功军威”，故将这里命名为“武威”。隋唐时期，这里被称为凉州，是丝绸之路的要冲之地。我之所以到这里来，是因为翻译了《法华经》以及其他多部佛经的名僧鸠摩罗什曾经在武威滞留过十七年的缘故。据说建造于公元 386 年的、现在还保留在市内的八角十二层罗什寺塔，每天都在延续着人们信仰的香火，它同时也是东西方文明交流的见证。

鸠摩罗什是后秦僧人，译经家，出生于龟兹，七岁随母出家，后又留学印度，年纪轻轻就成为著名佛教学者，名声大震于西域。前秦国王苻坚闻其名，便派遣大将吕光进兵龟兹，想把鸠摩罗什招至长安。后因姚苌杀了苻坚，灭了前秦，吕光虽说灭了龟兹并已劫持鸠摩罗什到了凉州，但此时，前秦已不复存在。于是吕光干脆割据凉州，自立为凉王，鸠摩罗什也就随吕光一直滞留在凉州，即今武威。在此期间罗什还学习了汉语。后秦弘始三年(401)姚兴攻伐后凉，亲迎罗什入长安，入逍遥园西明阁，以国师礼待，并在长安组织了规模宏大的译场，请罗什主持译经事业。尔后十余年间，罗什悉心从事译经和讲法。

我一直想亲眼看一看罗什在被迎接至长安之前的十七年里生活过的地方究竟是个什么样的地方。从龟兹到凉州的旅程甚为艰难，然而，从凉州至长安的旅程还有近一千公里。在零下二十度的气温下，我们的车迎着漫天雪花，在冰冻的道路上行驶着。在这一望无垠的褐色世界里，偶尔可以看到瘦骨嶙峋的山羊。说起“丝绸之路”也许大家都知道，其实这条道路还是佛教东传之道，并且，也是张骞出使西域之道和玄奘去西天取经之道。在连一棵树都不长的、泛着红色的陡峭山脉和辽阔的原野之间,就仅靠这条道路连接。往西去就是罗什的故乡龟兹。龟兹郊外有克孜尔千佛洞,洞内泛着蓝宝石般青光的壁画,很是夺人眼球。龟兹很美,但罗什感觉到了自己的使命,选择了东去长安。当他终于可以踏上东去长安译经的旅程时,他内心的激动不难想象。

中国的历史与佛教有着很深的渊源关系。虽说中国原本就有儒教和道教,但中国还是成了接受佛教文化的大国。以敦煌为首的佛教造像石窟、数量众多的寺院、藏传佛教的喇嘛寺等分布于中国各地。在构成中国精神世界的领域里,佛教给予的影响是绝对不容忽视的。佛教里含有超越物质利益的精神层面的东西,对于这一点也许有必要进一步地研究。鸠摩罗什是从丝绸之路来到中国的,而玄奘则是通过丝绸之路去西天取了经。在丝绸之路上曾经有过一些佛教国家,令人费解的是,这些曾经信奉佛教的国家,在罗什和玄奘各自完成了历史使命后,它们也像自己完成了使命那样,转而信奉伊斯兰教了。

今后有机会我想研究一下,渤海、金、辽以及西夏等汉民族以外的王朝为什么会信奉佛教。我想去探寻这些少数民族王国的遗迹,并直接从它们那里寻找答案。佛教起源于印度,经丝绸之路传至中国,又经朝鲜半岛传至日本。因太平洋的阻隔无法再往外传的佛教在日本得到了进一步的升华。研究佛教东移的意义和必然性是我的一个重要使命。顺便说一下,我在中国出版过一本关于佛教的书,书名为《空的正确理解》,是2007年由陕西人民出版社出版的,对佛教感兴趣的话,我请大家务必读一下这本书。

变化中的中国社会

从北京街头看历史

日本的住宅标示法有两种：一种是按社区或街区为单位的平面标示法，另 种是沿着街道或道路的直接标示法。在中国，无论哪个城市大体上都采用直接标示法。比如，建国后上海旧城区几乎所有的马路都改用了中国各地的省名或城市名了。为纪念孙中山的中山路以及人民路、复兴路是个例外。像这样有纪念意义的新路名，比如解放路、和平路、胜利路之类，在中国的任何一个城市都能见到。

南京、西安那样的被旧城墙环绕的城市，一般是新老路名同存的，但北京的旧城区几乎都沿用了老的路名。像王府井大街以及天坛路那样的大马路，一般都带有“街”或“路”字，而房屋与房屋间的狭小通道和小马路大都称为“胡同”，这是北京的一大特色。据说北京拥有数以千计的像“金鱼胡同”、“钱粮胡同”那样的胡同。

北京旧城区只有两条道路是以人名命名的，一条是位于地安门东大街和东四十条之间的张自忠路，另一条是南北向连接西直门内大街和阜成门内大街的赵登禹路。张自忠和赵登禹都是抗日战争时期的英雄。1931 年日军挑起沈阳事变(即九一八事变)，并于第二年从天津迎来宣统帝溥仪，扶持其成立了“满洲国”。在沈阳事变的同时，日军侵占了东北三省。当时长城北侧的河北省被称为热河省，为了把热河省也据为己有，日军于 1932 年又挑起了热河战事。

但是，中国军队进行了强有力的抵抗。1933 年 3 月，在古北口以东百公里处的喜峰口，中日两军的战斗达到了白热化的程度。守卫喜峰口的中国军队第三十八师的师长张自忠和领兵夜袭日本军并取得胜利的旅长赵登禹，一跃成了抗日英雄。其后，张自忠历经台儿庄战役、徐州会战，最后在湖北南瓜店的十里长山与日军浴血奋战，身中六弹壮烈牺牲。国民党政府在重庆为他召开了追悼会，共产党方面的毛泽东和周恩来也为他发去了悼文。解放后，张自忠和赵登禹的旧居附近就有了张自忠路和赵登禹路。2008 年开通的地铁五号线还设了一个“张自忠路”的站名。但张自忠和赵登禹是何许人却鲜为人知。

1937 年日军又挑起了卢沟桥事变并很快占领了北京(时称北平),至日本战败的八年时间里,北京一直处在日军的占领之下。因此,在那段时间里生活在北京的日本人很多。据说几年前由东映制作、竹内直人和吉永小百合主演的《虚幻的邪马台国》[①]电影中,由吉永小百合扮演的宫崎和子战时曾经就读过北京的日本人女子学校,当时,她每天乘坐有轨电车从住宅地的西单经过天安门、王府井去往北京的日本人女子学校。日本人女子学校坐落在东单。解放后,在北京日本人女子学校的地方曾经有过一个东单菜市场,而现在,那里耸立着一座巨大的购物城,它的名字就叫"东方新天地"。

从东单笔直往北有一个称为"东四十条"的胡同口,我有一位朋友的自家住宅就在东四十条和九条之间。据说这是一个有九十九个房间的大宅院,其中的一部分曾经借给日本女间谍川岛芳子。解放后这位朋友逃亡台湾,没有了主人的大宅院成了小学校。十多年前他也曾拿着国民党时期的登记簿,要求北京市政

① 影片讲述了一对夫妇为寻觅传说中的日本古国——邪马台国而展开的浪漫之旅。

府归还自家宅院，但未能如愿。关于国民党时期私有财产的归还，中国政府有时以华侨政策予以认可，根据不同的情况也有给房主提供其他替代房屋以作归还的。我的朋友后来放弃了要求归还大宅院的主张。

出东四十条往东曾经是明清时代的粮库，曾因翻修成了“南新仓文化休闲街”而备受关注。东四十条往西是清朝陆军和海军的兵营。段祺瑞掌权的时候，这里也曾是政府机关办公地，规模庞大，但尚未对外开放，相信在不久的将来这里一定会成为珍贵的观光资源。紧挨着兵营后面的是后圆恩寺胡同，这里有一处蒋介石夫妇在北京的宅院遗址，曾被作为友好宾馆使用过，最近又成了非公开的地方。

全国政协礼堂位于与赵登禹路相连的太平桥大街，其北面是顺承王府。张作霖曾把顺承王府作为在北京的自家宅院。被孙传芳军队驱逐的张作霖于1928年6月3日凌晨离开顺承王府，从北京火车站乘坐专列赶往奉天，翌日晨在皇姑屯死于日本关东军一手制造的列车爆炸，至此，顺承王府失去了主人，往日的风采也丧失殆尽。近些年，在北京金融街的开发中，顺承王府被拆，现在那里的高楼和酒店鳞次栉比。

由于珍贵的历史遗产的消失而变得心灰意冷的我，听说顺承王府的建筑在北京东郊的朝阳公园里得到了复原，并且在那里开设了称为“郡王府”的经营宫廷料理的餐厅，便迫不及待地去看了一次。张作霖使用过的房屋建筑得到了非常逼真的复原，有一种让人置身于当时生活之中的感觉。其实，在北京还有很多沉睡着的珍贵观光资源，例如清朝时期琉球国进京朝贡时使用过的琉球王国在北京的联络所，好像尚未向一般市民开放。

追记：

北京旧城区还有一条以人名命名的道路，是南北向连接复兴门内大街和宣武门内西大街的佟麟阁路。佟麟阁也是一名抗日英雄。1937 年 7 月 28 日，时任第二十九军副军长的佟麟阁在与刚刚结束卢沟桥战事的日军的战斗中壮烈牺牲。时任第一三二师师长的赵登禹也是在这次战斗中牺牲的。

从上海街头看国际化

上海有一种被称之为“干亲”的亲属关系，那是一种没有血缘，仅基于双方的意愿缔结而成的亲属关系，比如干妈啦、干儿子啦、干姐妹啦等。虽然是作为“干亲”的亲属关系，但是你能体会到像真亲属一样的亲情。

《论语》中有句话：“可以托六尺之孤，可以寄百里之命，临大节而不可夺也，君子人欤？君子人也。”大概意思就是：能够把幼小君主托付给他的人，这个人肯定是君子。中国自古以来就有好朋友之间相互扶养对方孩子的风俗习惯。像“干亲”这样的人际关系，在日本唯有反映黑社会的电影中可以看到，比如电影中的“义兄弟”之类的。但是，要想理解中国的人际关系，弄明白“干亲”关系是比较重要的。

我年轻的时候曾经寄宿在香港的一个舒姓人家，并且与他们结成了“干亲”的关系。由于干爹干妈都已经去世，干弟和干姐又去了美国，所以干外婆一个人回到了上海，住在上海传统的老式里弄弄堂的一间屋内，和她的妹妹两人安度晚年。我每次去上海都会去看望干外婆，问候她，了解她的身体状况。老式里弄是二三层建筑的狭长的房屋，厕所和厨房是好几家合用的，平时干外婆姐妹俩经常得到邻居们的关照。这种邻里间的互相帮助不由得让人联想起日本江户时代在狭长房屋内人们的互助情景，这样的互相帮助即便是现在依然在里弄里随处可见。

我的干外婆住在长乐路上一条叫做“高福里”的弄堂里，让人感到幸运的是，作为景观保存地，高福里逃过了被拆除的厄运。虽然干外婆早已去世，但我一旦去上海还是会住在长乐路高福里对面的新锦江饭店里，那是因为从宾馆的窗户可以清楚地看到高福里的全部。我有时也会走进弄堂里面，沉浸在和干外婆在世时一点都没变化的情景里。干外婆是山东济南人，干妈是山东青岛人。对山东人来说面粉是不可或缺的，因此我从她们二位那里学会了做使用面粉的料理，即使现在吃到馒头啦花卷啦也会想起干外婆和干妈。

上海有很多历史性的建筑，如蒋介石夫妇度过新婚的洋房,现在变成了瑞金宾馆。建国后毛泽东屡次住宿过的太古洋行行主私邸,现在变成了兴国宾馆一号楼。犹太人的英国赛马王的公馆最近也变成了宾馆。犹太籍财阀沙逊的根据地和平饭店,今天还是睥睨着外滩。黑帮社会的老大杜月笙的公馆,现在是东湖宾馆。20 世纪 30 年代建成的华懋公寓和格林文纳公寓现在是锦江饭店。

代表现代建筑精华的高层建筑在浦东鳞次栉比。一些超高层的建筑对于有恐高症的人来说是无法推荐的。如果在旧法租界散步的话,经历了时代洗礼的充满个性的西式洋房和街道两旁的法国梧桐树,有时会让你忘记现在置身于中国。其实分布在街头各处的整洁舒适的酒吧和餐厅,确实也因外国人的光临而热闹非凡,似乎被称为“冒险家乐园”的 20 世纪 30 年代的上海现在开始苏醒复活了。

如果去上海的话,我建议大家去参观一下战前日本人的居住地四川北路。去寻找一下文豪鲁迅曾经避难过的内山书店,或者去看看吉行旧居、尾崎秀实旧居、松本重治旧居、金子光晴旧居也是不错的选择。日本人的小学校、女子学校,日本人建造的集体住宅,日本人曾经经营过的医院、电影院、舞厅、歌舞剧院等，至今绝大部分还完好无损地保留在四川北路上。英国人和法国人，在曾经是其殖民地的一些国家里现在也没有变化地继续生活着，但是日本人战争一失败，立即从所有的殖民地和所有的居住地撤回。这是因为他们在居住国做了太过分的事而不得已回国的呢？还是思念家乡的愿望过分强烈呢？总之日本人成不了国际人，上海让我意识到了这一点。

作家武田泰淳、堀田善卫、松村梢风等人也曾长期居住在上海，但具体地址记不清了。为我们留下把上海作为舞台的作品的人是谷崎润一郎①、芥川龙之介②、横光利一③等人。这说不定就是和北京不一样的多姿多彩的国际大城市上海的魅力。香港的舒家曾长期在旧上海的法租界居住，所以他们对上海话很精通，不想让孩子们听的事情就用上海话来说。

---

① 谷崎润一郎(1886—1965)是日本小说家、剧作家，唯美派代表。曾将古典名著《源氏物语》译成现代日文，写有长篇小说《细雪》、《钥匙》等。

② 芥川龙之介(1892—1927)是日本小说家，新思潮派代表人物。早期作品多取历史题材，后转向写实，晚年对社会绝望，1927 年自杀。著有小说 148 篇，小品随笔、评论、游记多种。1935 年日本设立“芥川文学奖”。

③ 横光利一(1898—1947)是日本小说家。1924 年与川端康成等人创办《文艺时代》杂志。为新感觉派代表作家之一。他既反对自然主义文学，也反对无产阶级文学。作品有短篇小说《太阳》、《上海》等。

在张曼玉主演的《阮玲玉》和《花样年华》里，广东话、上海话、北京话都极其自然地被使用着。我对于那种多语言的生活很有兴趣。对于只使用日语的日本人来说，当时的上海也好，如今的上海也好，都好像是异物一样。

从大连的街头联想到乡愁

大连也被叫做“金合欢大连”。金合欢还成为清冈卓行[①]获得芥川奖小说的标题。每年3月大连也举行“金合欢节”活动。但是大连却没有金合欢树，主干道中山路及人民路也不是金合欢林阴路，有的只是法国梧桐树。俄罗斯人进入远东，在辽东半岛尖端构筑旅大街道时，曾经模仿巴黎香榭丽舍大街，在街道边种植了金合欢。日本侵占时期也一直持续种植过金合欢。但是解放后据说因为金合欢的修剪、维护非常费工夫，所以就逐渐地用法国梧桐树替代了金合欢。虽说如此，但也并不是整个大连完全没有了金合欢。在中山路和高尔基路之间南北走向的正仁街上，到现在还留有近于枯朽的金合欢老树，“金合欢大连”真可谓风烛残年了。

① 清冈卓行(1922—2006)是日本当代诗人、小说家，1922年出生于大连，1969年因《金合欢的大连》而获得第六十二届芥川奖。

日本也有举行“金合欢节”的城镇,秋田县的小坂镇便是。每年元月初,覆盖整个小镇的三百万株金合欢树盛开着浅紫色的花朵,让整个小镇到处都充盈着金合欢花的香味。小坂镇有着西洋式建筑的矿山事务所和木质结构的小剧院。小镇也曾经因矿山的繁荣而风光过。战后矿山繁荣不再,为了改变因采矿而变成荒山小镇的面貌,大面积种植了成长较快的金合欢树,此举大获成功。该镇已和大连结为姐妹城市。我因为曾经把大连的金合欢料理介绍给了小坂镇,所以成了小坂镇观光大使中的一员。

虽说金合欢少了,大连的魅力依然还在旧城区内。虽然按其面积来说的话,大连根本没法与北京和上海那样的大城市相比,但是小而整洁的街道总有一种不可思议的魅力。为什么会有这种魅力呢?我注意到,大连市内有六个环状广场,从有名的中山广场以及民主广场、友好广场、港湾广场、三八广场、二七广场,放射状延伸出六条道路。这些道路将各个广场像星座般地连接在了一起,让人有一种几何学上的美的享受。

此外在旧城区内,从港口平地向南北山麓延伸的、起起伏伏的道路也颇为有趣。还有旧“大和旅馆”(现在的大连宾馆)、旧“满铁”总部、旧大连火车站、旧“满铁”大连医院、旧“关东州”办公楼等日本侵占时期的建筑物随处可见,具有怀旧情趣的有轨电车也奔驰在街头。从我个人来说,欣赏现在依然被用作学校的、从前的女子学校和专门学校等的砖瓦结构的美丽校舍,这的确是一种享受。按日本人的感觉,没有比上述历史见证物更能诱发怀旧情趣的了。即便是站在大连市的立场上来看的话,我也认为这些历史见证物是弥足珍贵并且是无可替代的观光资源。然而,令人遗憾的是大连人对什么是观光资源好像并不明白。试举两例。

其一,从中山广场放射状延伸出去的道路中有一条称为“上海路”,走完这条道路后有一座横跨大连火车站内铁路的胜利桥,走过这座桥就是露西亚街和露西亚码头,对面就是可以称之为大连象征的以前的旅大市政府楼。这里的俄罗斯风格的建筑物得到了复原,成了俄罗斯风情街,但是街道上排满了价格低廉的土特产和杂货。原本想把具有俄罗斯风情的建筑物拍进照片的,然而进入镜头的却好像是一个露天的农贸市场。好不容易花巨资营造的俄罗斯风情完全被断送掉了。对此好像也没有任何人在意过,完全放任自流。

其二，在曾经有很多日本人居住过的南山麓，既有当年“满铁”的宿舍楼，又有个性鲜明的独门独院的西式建筑。它们一溜排开，相映成趣，非常和谐。因为过于陈旧，政府便开始拆除这些老式建筑，房地产商们也开始对南山麓进行再开发。可惜的是原本可作为历史见证来开发的观光资源被毁于一旦。在曾经被称为“枫街”的地方，建造起的独门独院的高级住宅鳞次栉比，并冠以“日本风情街”大肆宣传。结果以房产投机为目的的有钱人买了之后空置在那里，没人居住，成了幽灵街。我有一位在哈尔滨经营百货商店的朋友，此人有偏爱日本的嗜好，来看了“日本风情街”后，打消了购买的念头，并且生气地撂下一句“跟自然风景太不协调，没有一点日本风情”。曾经是休闲胜地，并能在近海湾处观望星星的星海广场周边，现在也是高级公寓林立，甚至还出现了像西洋城堡一样的建筑物，真可谓不协调到了极致。

中国各个城市在经济发展上存在着很大的差异，这些差异很大程度上是和地方政府官员的素质、品位以及开明程度有关的。一些地区即便投入大量资金也得不到很好的发展，其实也是人的问题。

在台湾某杂志所做的城市投资魅力的调查中,和大连一样同是港口城市的青岛排在上海、北京之后位居第三。我认为大连应该排在十位以外。在青岛有好几个毫不逊色于北京、上海的高级餐厅,然而大连却一个也没有。东北人的缺点是以量取胜。解放前曾经是外国列强租界的天津,2005 年制定了《天津市历史风貌建筑保护条例》,天津和青岛的建筑物与周边的风景非常协调,而大连的珍贵观光资源却被人为地糟蹋了。

大连曾经自称“北方的香港”,有着潜在的珍贵的观光资源,然而未能有效地利用。比如说港口、坡道、有轨电车以及西洋式建筑,有了这些,按理完全可以把大连打造成像旧金山那样的具有异国情调的城市。然而……

“毋忘国耻”

在二十四节气里把春分之后的第十五天称作“清明节”，中国自古以来就有在这一天里去郊外踏青或扫墓上坟的习俗。2009 年的清明节是 4 月 5 日，由于又是星期日，政府决定 4、5、6 日放假三天来促进国民消费，推动经济的发展。

这个策划相当成功，这一天中国各地的人们很多都外出郊游，在北京八宝山等全国各地的墓地，扫墓的人纷至沓来。电视新闻也播放了全国各地的盛况，家属、朋友、恋人们各按所好带着数码相机或用手机互相拍照，其情形和日本的游乐园的情形完全一致，根本看不到世界金融危机的迹象。

我也在这难得遇上的好天气里，畅游了北京的名胜古迹。这段时期北京的各种树木和花卉都竞相盛开，有黄梅、连翘、梅花、桃花、杏花、玉兰花、梨花，还有海棠花；当然也有樱花，但是仅仅限于前首相小泉纯一郎种植的玉渊潭公园等场所而已。

最吸引日本人眼球的大概是秀丽的白色杏花和如胭脂红般娇艳的海棠花吧。听说玄宗皇帝把杨贵妃的艳丽比喻为海棠花的美,一种在日本的文学里看不到的独特风韵。杨柳一起冒出春芽、鲜花一起盛开的美景,是黄河流域、华北地区的风物诗画,和江南的春色以及东北的春色一样有着别样风韵的自然美。

请还能记住唐朝后期诗人杜牧《清明》七绝诗的各位,一起来回忆一下千古名句,开头是“清明时节雨纷纷”,接下来是“路上行人欲断魂,借问酒家何处有,牧童遥指杏花村”。在清明时节,二十四节气的发源地黄河流域,必然会下催促花草发芽的时雨。但这一年,就在清明节的前夕,北京还是雪花漫天飞舞。

清明节这一天,最热闹的地方要数西郊的八宝山革命烈士陵园和北郊的颐和园了。而我却选择去拜访位于颐和园东北角的圆明园。那是因为这年 2 月在巴黎举行的佳士得拍卖会上,拍卖了在 1860 年第二次鸦片战争中被英法联军从圆明园掠夺去的兔首和鼠首两件铜像之事,已成为大家话题。这两件铜像是 2008 年去世的服装设计师圣洛朗的遗物。开标前,中国外交部曾要求“立即无条件归还掠夺品”,但未被理会。两件铜像以约四十一亿日元中了标,而中得此标的正是“中国海外流出文物救援基金”,该救援基金的有关人士发表了“对于掠夺品不打算支付钱”的声明。

所谓圆明园兽首铜像,指的是在圆明园西洋式建筑之一的海晏堂前庭的喷水池周围安装的十二生肖兽首铜像,当年每到一个时辰,相应的兽首嘴里就会向喷水池内喷水,结构非常精巧。1860 年这些铜像被英法联军掠去后,其中牛、虎、猴、猪四具经过了各种各样的途径,现藏北京保利艺术博物馆,马首也回到了中国政府的手中,但是龙、蛇、羊、鸡、狗五具仍然去向不明。现在,在圆明园被称为“西洋楼景区”的像凡尔赛宫似的西洋建筑群入口处的告示板上,写着英法联军放火掠夺破坏的事实,最后写上“毋忘国耻”。

听说中国的孩子在学校学习历史的时候,当历史老师讲到两个历史事件时,学生们必然会泪流满面。一个是“扬州十日”和“嘉定三屠”。这是 1645 年灭了明朝后,南下的清朝军队在扬州和嘉定进行的大屠杀。另外一个就是 1860 年英法联军火烧圆明园。所以,只要是中国人,无论谁都知道圆明园。尽管我也知晓这些史实，但当直接面对被破坏得如此彻底的圆明园的遗址时，我还是感到震惊。

雕刻精致的大理石石柱一层层断折、叠压在了一起。园内面积有 4.5 公顷，除了西洋建筑群之外，还集中了源自中国无数湖泊的奇石，集中了中国式宫殿建筑设计和庭园艺术的精华。但一切的一切都已化为了灰烬。这次拍卖会让人们再一次想起了帝国主义时代的侵略历史。

国际都市文明之光

古都西安被坚不可摧的城墙所环绕。约三公里见方的西安城四周环绕着高十二米、宽十二米的城墙,并且城四周还有广阔的护城河,被称为易守难攻的铁城。现在的西安城是以唐朝长安城的遗迹为基础在明朝修建而成的,据记载,唐朝的长安城占地面积是现在的西安城的九倍之多,也就是说唐朝的长安城面积之大,令人难以想象。现在郊外的大雁塔和青龙寺从前也位于城内。如果和现在的北京城比的话,古长安城的中心城墙正好是位于北京的三环路和二环路之间。

唐代的长安拥有百万人口,当然是当时世界上最大的都市和世界文明中心。如同日本派遣遣隋使和遣唐使那样,朝鲜半岛、越南、印度、尼泊尔等国也有许多留学生来学习,包括波斯和阿拉伯商人以及各国使节,当时共有十万多域外来人滞留于这座古代国际大都市。这样的开放性显示出身处世界文明中心的这个国度的自信。军队中也有来自西域的少数民族,这种超越种族和民族的包容力,被现代中国继承了下来。

不仅丝绸之路上的龟兹国和高昌国等加入了长安的文化圈,就连西藏也不例外。当时的吐蕃王朝虽说和唐朝有过好几次战事,但自从文成公主嫁入后,唐朝先进的农业技术及各种手工业者也一起进入了西藏,使当时的西藏出现飞跃式的发展。

新中国成立后,中国参加了 1955 年的第一次亚非会议,即万隆国际会议。以后一直以第三世界的一员为立场,在国际政治舞台上发挥作用。自从 80 年代实行改革开放的路线后,中国经济飞速发展,成为世界上发展最快的国家,被周边各国贴上了“霸权主义”的标签。我认为这只是暂时现象,中华民族的本质是王道主义,应该有受世界人民欢迎的包容力,也就是同化力。

北京住着许多外国人,包括在日本找不到的俄罗斯人、阿拉伯人、非洲人等,具备了作为国际大都市的充足条件。现在的北京如古长安那样拥有了作为世界文明中心的素质,但是 21 世纪真要成为中国世纪的话，单靠财力还不够。也不能靠军事实力，而是要靠如唐王朝那样的光芒四射的“文明力”，即百花齐放的文化魅力。

新文明不是指物质文明而是精神文明。帝国主义的时代已终结，美国式的物质万能已过时，探求新价值观时，虽然也夸耀军事力和经济力，但这对于世界人类发展并不是最重要的。中国为了推动人类的发展，只有凭勇气构建高度的精神文明。看到中国有那么博大的胸怀，令人佩服。

在中国日资企业工作的日本人虽然进出中国却不买房，住着租赁的公寓，外派人员任期一满通常都是回日本。而韩国人来中国却是先买房再把亲戚、家族招呼过来，工作任期一满就辞掉工作定居中国，在首都机场附近的望京地区已形成韩国街，住着十万韩国人，韩语可以自由通用。

上海也有几十万韩国人，山东青岛和烟台也住着几十万韩国人，如果在日本也出现这种现象，日本政府肯定很惊慌，会立刻阻止移民。中国政府沿用过去海纳百川的策略，显示了作为世界大国的强大包容力。日本绷紧心弦，只是从海外单纯地引进劳动力，对老龄化社会采取了错误的方针。唐王朝广泛的国际性不值得日本学习吗？满口所谓的“安全保障和国家利益”的日本学者和国会议员不应该设计出适应21世纪发展的策略吗？

传统文化的复归

2008年夏季奥运会开幕之前，中国各地影院刮起一股旋风，都在放映长篇历史宽银幕电影《赤壁》。诸葛孔明由金城武扮演，周瑜由梁朝伟扮演，大腕云集，阵容强大。这是自《英雄》入围国际电影节以来，又一部卖座的电影。赤壁之战说的是孙权、刘备联军和曹操对抗的故事。江东名将周瑜使用黄盖的苦肉计烧毁曹操的兵船和阵营，使孙刘联军取得大捷。随后孙权占领大部分江南，刘备获取了巴蜀，为以后的三足鼎立奠定了基础。

三国迷们可能对影片未能再现当时的战争场面和武器状况觉得不大尽兴吧，照搬《三国演义》本不是电影的目的。我觉得其中有个场面令人印象深刻。那是孙刘联盟后周瑜视察蜀汉军营，看到了治军有方的刘备领导下平民子弟受教育的场景。周瑜一到，孩子们就一起高声朗读《诗经》，看到这，周瑜感慨万分，断定蜀汉日后必定强盛无比。

《诗经》和日本的《万叶集》性质差不多,是中国最古老的诗集,共收录了从周初到春秋的三百十一篇诗歌,据说是孔子编订的,书中讴歌了平民的感怀及道德的高深,是为政者必读之书。看到连小孩童都在学习这高深莫测的经典,着实让周瑜感动。

这部电影的编剧应该很了解现在的教育制度。中国一些大都市的重点小学即实验小学,都在大力投入对古典文学的教育,《论语》、《大学》、《中庸》、《孟子》等儒家经典都被推崇备至。共产主义的中国也推广这样的教育实在令人惊讶。推行改革开放的中国政府注重传统文化的复归,这种古典的回归从长远来看,对中国新精神文明的建设具有相当重要的意义。

中国人自身可能对这个目标还不太明确,但为了被推崇为“世界之冠”的中国文明的复兴,应该以学习古典文化为重,所有的事业都应围绕它作为出发点,这是个非常英明的大决断。能熟记《论语》的孩童并非能理解其深奥之意,但长大学会思考后,年幼时的记忆必定让他们受益匪浅。好几年前看到中国的孩子们熟记《论语》的景象,使我不得不感到日本教育的贫困。

日本这段时间在提倡“宽裕教育”，听上去犹如理想教育，但是其教育质量的低下，大家应该心知肚明吧，原因在于日本的政治家只看重官僚主义，对教育的重要性理解不足。其实，唯有教育才是国家的百年大计，它对国家的未来方向起着决定性作用，对此日本的政治家显得很无知。

在中国有“十年种树，百年育人”的说法，从中看出人才的培育是多么的难。可以说，复兴的中国几十年后将培育出震惊世人的人才，但日本却无法培育出与之抗争的人才。

中国以自身文化觉醒后再生为目标，日本依旧是追随美国，只知道所谓的“国家利益和安全保障”，没有独立的哲学和思想。多次众议院选举，我听了各政党头头的演说，觉得他们思想中哲学贫困、政治语言贫乏，令人失望，演说毫无触人心弦及令人欢欣鼓舞之处。相比之下，奥巴马演说的CD及教程非常畅销，那儿藏着鼓舞人心的宏大的时代观、世界观及哲学观。

边境生活

与岛国日本不同，中国和许多国家国境相接，如朝鲜、俄罗斯、蒙古、越南、老挝、缅甸、不丹、尼泊尔、印度、巴基斯坦，还有哈萨克斯坦、吉尔吉斯斯坦、塔吉克斯坦等。在丝绸之路时代，商队远行数千里到遥远的罗马帝国做生意，匈奴和突厥等游牧民族不断越过边境进行掠夺，当然在他们眼里根本就没有“国境”这个概念。

改革开放三十年后的中国，所有的边境都有贸易来往。在东北，和俄罗斯做生意最有名的要数黑龙江省的绥芬河市和黑河市。内蒙古的满洲里和吉林省的珲春等也和俄罗斯红火地做买卖。把目光转向西面，新疆维吾尔自治区的首府乌鲁木齐已成为中亚各国的经济活动中心，它早已不是丝绸古路上的小绿洲，而是高楼林立的超现代大都市。

从新疆来的碧眼美女出现在上海和北京的夜市中，

我试着和她们交谈，发现她们不仅会说汉语，连俄语也精通。她们中许多人中学时都居住在哈萨克斯坦的亲戚家，并且在那里的俄语学校上学，在那儿接受高等教育。对新疆人来说，与上海、北京相比，以前苏联的学校反而更近、更方便。

我的长相和新疆人很相似，也经常独自到新疆馆子吃饭。一到夏天，番茄味的手打面就特别好吃。尽管在各地都能吃到"大盘鸡"、"手抓羊肉"等新疆菜，但在我这个日本的"新疆人"看来，现在北京正宗的新疆菜要数三里河路的新疆饭店最好，一想到去那里吃饭，食欲就大增。

转到南方的广西壮族自治区。在最南面的防城港，街道上堆满了越南的物产，边境就在附近，连河内也近在咫尺。电影《红河》的故事就发生在云南和越南之间的边境线上，红河流经越南和中国的国境，靠近河内时入南海。在越南和云南交界处有好几处红河什么族自治区域，形成了各种少数民族部落群，反映出中国民族的丰富性。

在电影中，香港演员梁家辉扮演少数民族男性，美女张静初扮演越南打工少女，故事发生在中越边境的老街附近。这里吸引了许多越南人来打工，如按摩、扫地、做杂活等，也有工地工人，都是些社会底层工作。

人民币的威力越来越大，在香港持续使用，在台湾也开放了；在朝鲜也流通，东南亚各地也开始试用人民币，俄罗斯和韩国也有可能同意流通。人民币作为基本货币的体制慢慢地稳固。和许多外国接壤的中国充满活力，而孤零零漂浮在太平洋上的日本被世界风云搅得乌烟瘴气，可能这也算和世界接轨吧。

“红卫兵时代”的黄昏

在中国，“老三届”指的是本来应该在1966—1968年毕业，却由于“文化大革命”而被迫延期毕业的初高中学生。那个时代也就是所谓的“红卫兵时代”。我1968年高中毕业，是日本“团块世代”[①]的殿军人物，对应于中国“老三届”的一代人。我的中国朋友几乎都是“老三届”，几乎都有下放农村插队的经历。

1967年10月8日，为阻止佐藤首相访问越南，日本全学联首次在羽田机场和全副武装的警察发生冲突，以后在全共斗运动[②]和70年代的安保斗争[③]中，

① “团块世代”专指日本从1947年到1949年之间出生的一代人，这是日本“二战”后出现的第一波婴儿潮。这一代约七百万人，从2007年开始陆续退休。

② 从1967年起到1970年，“团块世代”进入大学以后，面对激烈的社会矛盾，他们要求变革，为此发生了多次游行以及罢课事件，东京大学的学生和警察机动队发生激烈冲突，爆发了著名的“安田礼堂”事件。这些运动后来称为“全共斗运动”，所谓“全共斗”是全国学生共同斗争委员会的简称。

③ 1960年和1970年爆发过两次“安保斗争”。在《日美安全保障条约》修改之时，日本民众，尤其是大学生认为应当废止和美国的安全保障条约，由此引发了波及全国的“安保斗争”。

"团块世代"都起着重要作用。中国的"老三届"因为"文化大革命"放弃了受高等教育的机会,"团块世代"的学生也在大学中被取消学籍,即使毕业了,由于全学联的罢工运动,几乎无法学习。两者有相似性,所以才有亲近感吧。

"团块世代"的我们已陆续进入花甲年龄,一半"老三届"也已六十多岁。

1977 年中国恢复高考,那时全国各地的年轻人为了参加曾被停止十年的高考挤破了考场,这种情景在最近的电影和电视剧中被艺术地再现。"文化大革命"对当时每个人来说都是不堪回首的往事,原以为这一段历史将被封存,没想到被拍成了电影和电视剧。

电视剧《北风那个吹》这个名字,来自"文化大革命"时深受欢迎的现代革命芭蕾舞剧《白毛女》的主题曲。影片《高考 1977》真实地再现了当时的情景,描写下放黑龙江农村的城市中学生们(当时被称为"下乡知青"),在恢复高考后应对考试的故事。

1977 年参加高考的考生有五百七十万人,录取者只有二十七万人;1978 年为六百十万人,录取者为四十万,都创下了历史记录。我的朋友中有许多人都参加了这两年的高考。在《北风那个吹》和《高考 1977》中,我注意到也有不少知青留在农村,在当地结婚成家,体现自己的价值。

原插队于内蒙古的老“红卫兵”写的小说《狼图腾》很畅销。当时的草原,人、羊、狼相处得很和谐。作者讲述了内蒙古人民的古老生活智慧以及狼的聪明,但随着经济的发展,汉族不断地移民,生态不断地遭破坏。作者是个历史通,他告诉我们,古代游牧民族以狼为图腾,而农耕民族以龙为图腾。

1970 年我拜访了中国各地的革命圣地。几年前有机会再访了革命根据地之一的井冈山,遇到了江西省吉安市的女市委书记。她是 1968 年从上海到井冈山插队的知识青年,结果留在了当地,后来当了市委书记。她对没回上海不感到丝毫遗憾,还说要把后半生留在圣地。晚宴后我们的投资视察团想见识一下当地夜生活。在大街上转了一圈,那儿没有卡拉 OK、按摩店,连亮丽的霓虹灯都看不到,结果一无所获,两腿发直,只好钻进茶室。在这儿有啤酒已经很不错了,没法子,我们也只好点了啤酒,让我再次感受到革命圣地夜晚的朴实。

在北京，十几年前店名叫“黑土地”、“老三届”的餐厅很流行，里面贴着“文化大革命”的画报，放着革命歌曲，吃着黑龙江的菜肴，如土豆、玉米和酸菜，很多老“红卫兵”夜晚都聚集在这儿。墙上挂着写有联络方式的便签，当时正当青年的他们现在已步入花甲之年，《北风那个吹》和《高考 1977》成为他们的安魂曲。

北京东郊的五环路上，有家餐厅名为“红色经典激情岁月美食餐厅”，每晚快到入睡时就有穿着“红卫兵”服装唱着革命歌曲的歌舞晚会，我很想去看一下，顺便尝一下以韭菜和羊肉为主的当地美味的农家菜。

中国新生代导演

在很长的一段历史时期里，你只要对北京的出租车司机说上“北影”二字，司机肯定会把你准确地带到位于三环西路的北京电影制片厂，可见那一段时期中国的国产电影在老百姓的娱乐活动中占据多么重要的位置。中国很多著名的电影导演也都出自北京电影制片厂。被称为第四代导演的有黄健中，第五代的有田壮壮、陈凯歌等，还有稍后出道的、不知是否可称为第六代的霍建起、徐静蕾等。电影厂占地面积很大，并且还建有专门用于拍摄的北京胡同。

我有一位台湾朋友马先生，是一位武术家，因为与李小龙是同门师兄弟，所以好像武术功夫甚是了得。他在纽约开设武术道场的时候，据说从大陆来的体育界人士及艺人们都会得到他的关照。冯小刚的电影《不见不散》所描述的在外华人互相帮助的现象，确实普遍存在。出生于香港、现移居洛杉矶的我的干姐舒明芳经常没日没夜地关照着来自大陆的人。来自北京的女导演秦燕在纽约也曾受到过马先生的关照。

几年后,马先生把纽约的道场委托给了别人代理,自己移居北京。不用说,到了北京自然是要庆祝一下我俩的重逢的。更令我高兴的是,当马先生知道日本三大电影公司中的东映公司的冈田社长和我是高中的同班同学时,赶紧又为我介绍了秦燕女士。之后,通过秦燕的介绍我认识了北京电影制片厂的办公室王主任,并且和参与电影《不见不散》制作的制片人刘小淀也开始了交往。“不见不散”在中国是经常用于朋友间约会的套话,读大学的女儿和我约定在某地见面时,每次必说“不见不散”,很有意思。

那时,刘小淀和田壮壮导演正在为拍摄围棋名人吴清源的电影做准备工作。吴清源出生于1914年,十岁时他的才能得到了当时执掌政权的段祺瑞的赏识;十四岁时去日本学习围棋,之后和日本女子结婚;如今在小田原安享晚年。也许是吴清源传奇的一生和他那求道者般的生活方式刺激了田壮壮导演强烈的拍片欲望吧,我也受其感染,为电影的拍摄帮了些忙。令人欣慰的是电影《吴清源》不负众望,在2007年的上海国际电影节获得了最佳导演奖。

在北京电影学院以及其他拍摄现场，田壮壮指导后生们的认真劲着实令我深受感动。他那大概与赚大钱无缘然而专注于事业的生活方式，和吴清源起伏颠沛的、求道者般的人生倒也有几分相似。记不得是哪一年的福冈电影节了，主办方请我为该电影节介绍一部新且好的中国电影，田壮壮导演当时为我推荐了《美人草》和《我和爸爸》。《美人草》是由舒淇和刘烨主演的反映“文革”时代的电影；《我和爸爸》则是一部由徐静蕾身兼导和演二职、演绎父女亲情的电影。我当时曾经犹豫过该推荐《美人草》还是《我和爸爸》，最终还是推荐了因主演《那山那人那狗》而在日本略有知名度的刘烨出演的《美人草》。但我本人还是喜欢《我和爸爸》，并且看了多遍 DVD。

20 世纪 80 年代的年轻人，在改革开放之后，可以说是看着日本电影长大的，高仓健、栗原小卷、中野良子、山口百惠以及吉永小百合等，直到现在仍然是他们心中难以忘却的电影明星。现如今依然活跃在电影界的吉永小百合，在看了由霍建起导演的《那山那人那狗》和《暖》等影片后，向东映的冈田社长表达了如果有机会无论如何都想出演霍建起导演的影片的愿望。和吉永小百合从年轻时就关系密切的冈田社长就给当时凑巧在北京的我打来了电话,问我能否联系到导演。为此,我通过北京电影制片厂的王主任联系到霍建起,并且和霍建起导演见了面。未曾料想吉永小百合竟然是霍建起导演仰慕已久之人,也许这便是一种缘分吧。

几个月后,霍建起导演来东京和她见了面。后来,已经拟定了日中合拍电影初始方案的冈田社长和我便在北京的宾馆里与霍建起导演开始讨论剧本内容。所谓的电影制作其实靠的就是一种热情和激情。一幕一幕的剧情内容在双方意见的碰撞中被一一敲定,并且在数月后,霍建起导演还寄来了最终的剧本。但由于正好和高仓健主演的《千里走单骑》的上映时间重叠;另外,在以移动来展开内容的风格上也和《千里走单骑》雷同,所以,很遗憾,最终还是放弃了这个剧本的拍摄。

吉永小百合、霍建起导演、冈田社长和我,我们四人的日中合拍电影的梦想不知在何年何月才能实现?但毋庸置疑,一旦有好的剧本,这个梦想是无论如何都要实现的,只是目前尚未碰到而已。我坚信,吉永小百合想在电影中演绎中日两国人民真诚友爱的愿望，一定会因吉永小百合和霍建起导演的相识，而在不久的将来实现。

霍建起导演是土生土长于北京胡同的、纯粹的北京人，他在讲话时经常会带出一些北京土话。按理拍摄像《骆驼祥子》那样的、描述纯北京世界的电影作品，应该更能发挥他的才能。然而有趣的是，他的电影作品都是以农村或其他城市的人与事为题材的。前几天，突然想和他一起吃饭，于是就打了个电话给他。然后，电话那头给我来了一句“饭馆里钓鱼似的”，弄得我丈二和尚摸不着头脑。事后知道这句话的意思是：“因为在餐厅里从窗户对着运河或者池塘的垂钓，主要目的是消遣，所以钓不钓得着鱼无所谓”，引申为“临时打个电话，对方来与否没关系”之意。北京人的会话充满着这样的诙谐。

安徽出名人

在中国,提到农村改革,不能不提到当年安徽省委书记万里。正当农民还饿着肚子在人民公社劳动时,是万里发现了明朝皇帝朱元璋家乡凤阳县小岗村的农村干部私下实行联产承包责任制。

安徽省凤阳县小岗村的三个农村干部经过商量,随后发动全村二十人写下血书,为实行以家庭为单位的联产承包责任制承担后果。如果这三个干部坐牢的话,则由村里人照顾好他们的家属。

当时全国还在挥舞毛主席的"人民公社"大旗,而小岗村的实验正好在"颠覆"社会主义制度,所以遭到强烈批判,但安徽省的"一把手"万里向邓小平报告了小岗村的改革,受到邓小平的称赞。于是,调动农民生产积极性的联产承包制如星火燎原般在全国推广。20世纪80年代中共中央又作出了在沿海地区设置四个经济特区的决定,从此中国正式迈出改革开放的大步。

前些日子我正巧看了以《三国演义》中的赤壁之战为题材的电影《赤壁》，三个主角中除诸葛亮外，曹操和周瑜都是安徽人。安徽省的省会合肥建有安徽名人馆，即把安徽出生的名人聚集在一起建立的蜡人像馆。从古代的老子开始，有纸的发明人蔡伦、活字印刷的创始者毕升，连不知姓名的豆腐的发明者也是安徽人。

明太祖朱元璋是凤阳人，清末的政治家李鸿章是合肥人，国民党的将军冯玉祥、张治中都是安徽人。安徽出身的名人很多很多，安徽人的特征是只有在外才能大显身手。

也许这些和明清时如雷贯耳的徽商有极大的关系。像日本的"近江商人"①那样，中国近代有几个因出富豪而闻名的地区，如山西商人、安徽商人；张艺谋的电影《大红灯笼高高挂》就是以晋商的豪宅为舞台的。在这些富豪中实力最强的要数徽商。

徽商指的是出身于安徽南部徽州地区的商人，经营盐、茶叶、文房四宝，活跃于南京、扬州、苏州、杭州等江南、江北富庶地区。在黟县、屯溪等地还残留着明清

---

① 近江是现在日本滋贺县的旧名，"近江商人"特指江户时代在近江出生，家和家属都留在近江，本人在其他地方经营店铺的男子。

时代的古民居聚落，黄山附近的古民居群已申报世界文化遗产。徽州商人和新安商人利用雄厚的财力建造出高度的文明，被称为“东南的齐鲁，文化之邦”。齐鲁指的是春秋时代孔孟活跃的地方。安徽出产的笔墨纸砚即“文房四宝”，说的是徽墨、宣纸、宣笔、歙砚，这是文人墨客的珍宝。清代文人墨客的代表“桐城派”也出自安徽。在明清时期把经济和文化合二为一的是安徽省，在当今首先扬起改革开放马鞭的也是安徽省，但改革开放三十年过去了，安徽仍被称为“穷帽子省”。从江苏一进入安徽就能看到路边破烂的房屋和贫瘠的土地，农村的贫困拖累了都市的发展，令人想起大西北的苍凉。省会合肥有全国闻名的中国科技大学，网罗全国精英，培养出的人才不仅被沿海的外商提前预定，还有许多学子留学美国深造。由于大量的人才涌到省外，才形成这样的命运。

今日，好像除到黄山旅游外，日本人未踏足安徽的其他地区。其实过去有段时期，安徽和日本打得火热。民国初期袁世凯倒台后各地军阀割据一方，日本一边支持奉系的张作霖，同时又支持皖系的段祺瑞，提供给段祺瑞先进武器，使其实力慢慢增强，不久当上国务总理，在北京君临天下。后来通过西原借款[①]日本逐渐使段祺瑞傀儡化。段祺瑞的靠山是日本，而曹锟的靠山是英美，在直皖战争中段被打败，随后国民党开始北伐，中国进入崭新时代。

① 1917—1918 年间日本寺内正毅内阁和段祺瑞政府签订了一系列公开和秘密的借款，总额达一亿四千五百万日元，因由寺内的代表西原龟三经办，故名“西原借款”。日本的目的在于独占中国主权，支持段祺瑞扩大内战。

漫游舟山

说到吃海鲜,不能不说到舟山。它从 13 世纪到 16 世纪是倭寇和海盗们的老窝。清朝曾设置定海三营,两千名士兵驻扎在这儿。鸦片战争中为抗击英军,在位于舟山中心的定海四周广筑城墙,城外被护城河所围绕。现在舟山的政府机构已迁居到新城。定海老街历史悠久、民风古朴,狭窄的街道每每被行人和车辆挤得水泄不通。

市区西面的山上建有鸦片战争遗址公园,里面树立了纪念碑和抗英战士的墓地。山顶景色更美,旧城和海上一览无遗。山上有当年为抵抗英军设置的兵营遗迹。另一个抗英激战地在广东的蛇口,一样是在小山丘上筑有炮台,紧盯着进犯珠江口的敌寇。这样的布阵不禁使我想起萨英战争[①]和四国

① 萨英战争(1863 年 8 月 15 日—17 日)是英国为了促使日本萨摩藩出面解决生麦事件,交涉未果而派遣军舰攻击鹿儿岛湾的炮击事件。

战舰炮轰下关[①]。

定海公园位于定海中心，即南北走向的人民路和东西走向的解放路交叉口的附近，那里竖立着中日友好的纪念碑。清乾隆时，日本气仙沼的渔民遇到海啸漂泊到舟山，后被舟山民众平安送回日本。这个故事分别用日文和中文刻下，并且在改革开放后因两地都是渔港，所以结为友好姐妹城市。

定海的街上到处都有“海鲜面”的招牌，它是这儿的名菜，经常在谈业务的宴会上出现，并且是最后的压轴菜。晚宴上是清汤面，不放配料，各种各样的海鲜随便挑。街上面馆里的浇头，虾、蟹、鱼也随便挑，乌贼、章鱼和许多贝类海鲜只要喜欢就拿，材料都是最新鲜可口的。

北街的海山公园也是颇值一游之处。在茂密的深山中划出一角开辟的这个公园，最里面修建了革命烈士纪念塔。抗日战争时舟山一带是新四军抗击日军的根据地。塔的旁边是年轻的杨静娟烈士铜像，据解说，她被捕后宁愿死也不变节做叛徒，真可谓“坚贞不屈，

---

① 1864 年 8 月，日本长州藩与英、荷、法、美四国之间发生的下关战争中的一场战役，以日本长州藩失败告终。

视死如归”。

全国各地都有烈士纪念塔和烈士纪念馆，作为爱国主义的教育基地向青少年宣传爱国主义思想。舟山的烈士纪念塔旁有条小道直通深山，我走上去后又有新发现，看到了有趣的“廉吏”石碑，用浮雕的方式叙述当时的故事。一个是后汉清官杨震的故事：某夜他的老友前来，祝贺他做官，送给他黄金，他断然拒绝。老友就说“没人看见不要紧的”，正要强推给他时，他答道：“天知，地知，你知，我知，咋会没人知道呢？”因这事他后来被称为“四知先生”。另一个是春秋时宋国乐喜的故事：有一次有人送给他美玉，他说道：“我把不受贿作为准则，对痛恨受贿的我来说，赠给我玉真是太难为我了，还是把玉送给那些想要玉的人吧。”坚决退回了物品。作为青少年爱国教育基地，为了宣扬反腐败精神，要做的工作很多，从中可以看出中国的现实。

再讲个笑话。说是当年深圳市长许宗衡接受巨额贿赂被逮捕后，警方搜查他家，发现有个大保险柜，但要打开保险柜必须要八位密码，于是警察想到可能是“升官发财”之类的话，试了几下但打不开。没办法只好找他问密码，他竟说“清正廉洁，执政为民”，这正是与他的行为背道而驰，真具有讽刺意味。

在中国，接受高额贿赂和侵吞巨额公款会被判死刑，但还是腐败不断，因此对青少年进行爱国主义教育，宣扬反腐败精神是必要的，但清官廉吏中的模范杨震和乐喜在历史上是很少见的。

天南地北中国人

侯孝贤和侯德健

初安民先生在台湾是一位相当有名的文化人，大陆出版界人士去台湾访问的时候，应该都会得到他的帮助。初安民先生在读了我在日本出版的《娶太太还是韩国人好》的中文译本后，说了一句“很有趣”，紧接着就帮我联系在台湾出版此书的事宜。在韩国曾经经历过各种痛苦的初安民先生，通常称韩国人为“高丽棒子”，从来不称他们为“韩国人”。对我书中所指出的韩国人的各种特征，他和我的观点完全一致；所以，他不仅在书的出版上竭尽了全力，而且在《娶太太还是韩国人好》这本书完成之际，还特意为我召开了新书发布会。

由于朋友侯德健、舒国治再加上从韩国釜山赶回台湾的初安民和电影导演侯孝贤的参加，新书发布会真可谓盛况空前。侯孝贤导演每次去韩国都必然会让初安民同行并让他兼做翻译。令人没有想到的是，台湾二侯(侯德健、侯孝贤)竟然同席参加了我的新书发布会。在台湾工作的那段时间,最大的乐趣就是几乎每晚都要和这样一些文化人吃饭。侯孝贤导演对日本非常了解,他作为日本著名电影导演小津安二郎的研究家,在日本也颇有名气,甚至还出过一本名为《寻找小津》的研究性书籍。

《悲情城市》、《戏梦人生》等电影一经问世,侯孝贤导演便一跃成名。我想,在中国大陆应该也有很多侯孝贤导演的粉丝吧。然而,我更喜欢他成名之前的《风柜来的人》、《冬冬的假期》、《童年往事》、《恋恋风尘》四部电影作品。这四部电影作品是侯孝贤导演在 1983 年到 1986 年的四年里拍摄的,每年拍摄一部。侯孝贤导演虽然是来自广东省梅县的外乡人,但他少年时代生活的台湾的风土人情中还留有非常浓重的日本文化色彩。侯孝贤导演以他那敏锐的感觉捕捉住了当时少男少女的世界,并且在他的电影作品中给予了淋漓尽致的展现。侯导演描绘的昔日的台湾,确实会让人联想起战败后挣扎在贫穷生活中的我们日本人的少年时代。听了《冬冬的假期》片头部分小学生在毕业典礼上的致词和毕业歌,我不由得想起了从前的日本。

我和侯德健经常会在他家附近的“朝天锅”餐厅见面。位于台北复兴南路的这个餐厅是做四川料理和苏浙料理的名店，说实话，这个餐厅我还真不愿意告诉任何人。20 世纪 90 年代后，侯德健曾经悄无声息地在台北等地生活了一段时间，现在复出于北京继续着他的音乐活动。中国人都知道的《龙的传人》这首歌便是他的成名作。80 年代初，我在台湾友人家做客，他家的小学生儿子为我唱了这首歌曲，自那以后我就知道了侯德健其人。之后，侯德健去了大陆，几经周折又回到台湾的时候我认识了他。在台湾和他一起外出，在路上与人擦肩而过的时候，经常会有人叫他“侯哥、侯哥”。从他那即便是身处逆境也依然豁达开朗的性格里，我看到了中国人的坚强。《龙的传人》的歌词可以说是侯德健人生的真实写照。

我个人认为，真应该为中国人的侠义精神申请联合国世界非物质文化遗产。中国的历史上曾经出现过荆轲以及众多的侠客。即使是现代社会，中国人价值观的基础就是仗义，崇尚义气其实也是我这本书的主题。虽然，我也曾说过因为“义气”中国很难成为一个法治国家，但是法治国家并不一定就比人治国家优越，因为人情的微妙是不能用法律来考量的。日本人把以村为单位的共同体生活方式,发展成了以“公司人”为主体的毫无个性的社会集团方式。但是,我在中国社会看到的则是“个体”与“个体”之间强有力的信赖关系。

某年春节前,正好在台北的我受侯孝贤导演之邀,参加了侯孝贤导演所在公司的“尾牙”聚会。地点是在台北郊外新开的叫做“面对面小馆”的料理店。据台湾朋友介绍,所谓“尾牙”是台湾的一种习惯,是春节前在一年工作收尾的这一天的晚上,公司全体人员聚在一起吃饭的习惯。吃完饭,公司还会给员工分发礼物。“尾牙”的“尾”就是指一年年末,而“牙”即牙签之意,也就是说,在忙忙碌碌的一年的最后一天尽情吃喝,完了用牙签剔剔牙放松放松之意。在大陆有没有这种习惯和讲法我不知道,至少在大陆我还没体验过,但作为一种年终的联欢会,我总觉得有点无聊。

山东人对广东人

在东南亚各地转了一圈再回到香港的时候，已经是1971年的年底了，自此直至第二年春日本大学开学，我一直寄居在舒君的家里。

舒君的家庭是由南方人和北方人组成的“混合部队”：一边是广东籍的父亲、在香港长大应算广东籍的舒君和明智君，加起来共三人（明德君当时在日本留学不算在内）；另一边是祖籍为山东青岛的母亲、母亲的母亲（即外婆）、母亲的哥哥（即舅父），加起来也恰是三人。

说起这位名为袁凤犀的舅父，本是舒母的三哥，按理说孩子们应叫三舅才对，但因为他经常向母亲打“××贪玩”、“××不学习”之类的“小报告”，所以一直被孩子们喊为“督察”。另外，小弟明智君也有外号，而且还是日语的，因为他长得圆滚滚胖嘟嘟，从日本留学回来的姐姐联想起日本一家面条公司的商标“麻鲁锵”

(意为小胖墩),就以此为他命了名。

南方人和北方人一起生活的最为难之处就是饮食问题。山东人少了面食几乎活不下去;广东人则以米为命,除米饭之外,河粉、米粉、肠粉等也是他们饭桌上必不可少的东西。

汉语里有“山东大汉”一说,用以表达山东人之体格魁梧。关于这一点,很多日本人非常不理解,他们想,“山东那样贫穷的地方,怎会产生如此魁梧的体格?”其实,正因为贫穷,吃的尽是五谷杂粮,体格才会这么壮。

其实,战国时代的日本人,块头也是很大的,不信去博物馆看看当时留下来的盔甲就知道了。只是进入江户时代,日本人才突然小巧起来。其原因就是以前一直吃杂谷糙米的日本人开始吃精米了。再看欧洲人也是如此:吃黑面包的俄罗斯人和德国人生得硕大,一味进食精粉精米的法国人和意大利人长得瘦小。

舒家的饭桌上,本来是三比三的平衡局势,后由于我的出现而被打破了。当外婆问我想吃什么时,我说想吃馒头,外婆听后如同遇到知音般大喜,从第二天早上起就每天都给我做馒头,间或还做些大饼、葱花饼和包子等,我不知不觉地成了她老人家的得力助手。

就这样,舒家的饭桌上米饭和馒头开始平分秋色。早餐亦互不通融,广东人通常是米粥就炸两(肠粉卷油条),外婆和“督察”则喝燕麦粥,显示出誓死不吃米的山东人气概。

广东菜的精华在于汤,舒家也不例外,每天都要做各种各样的汤,有的是用温火长时间熬,有的是用密封的蒸锅蒸;而到了冬天,就多为蛇汤了,将切成一块块的蛇肉和药材一起装入布袋里下锅煮。我对此敬而远之,但“麻鲁锵”却拿着从袋子里取出的蛇肉大啃大嚼。街上也有很多蛇店,剥了皮的大蛇就吊在店门口,装有巨毒如五步蛇的笼子也摆在显眼的地方。

说广东菜如此美味多彩,并不等于弃山东同类而不顾。处于胶东半岛三面临海的山东省,也是个广出美味的地方,甚至有“京菜脱胎于鲁菜”一说。中国军队中的干部有许多出身于山东省,所以他们请客时,基本上都选山东风味的饭店;还有,他们酒量惊人,尤其喜好白酒,而色味俱浓的山东菜就成了白酒的最佳搭配。在丰泽园等老店渐渐消失的现在,北京新侨饭店的蓬莱餐厅还是保持着地道的山东风味。

书归正传,让我们仍回到舒家。

当家里其他人都外出,只剩下外婆和“督察”时,我注意到他们两人吃饭时多是馒头与炒咸鱼干,就这么简单了事。那咸鱼干是山东的土特产品,用油一炒便散发出一种类似日本的腌青鱼的气味。看着他们两人的吃法,我知道了这就是原本的山东人的家常风味。

山东人吃馒头时只要有辣大葱和甜面酱就别无他求了,吃饺子时则将生大蒜嚼得咯嚓咯嚓响。我到山东的农村去周游的时候,竟看见过大如小孩脑袋的馒头;还有,韭菜捣成汁后成了无论什么都可蘸着吃的万能调料;而炸酱面也能和生大蒜一起吃,这些吃法都让我既吃惊又佩服。另外我也看到,广东人虽也吃生大蒜,但只是在吃海鲜时蘸点蒜泥而已。

倒是我,住在广东人与山东人两军对峙的家庭里,体会着两种个性都很强的文化的冲击碰撞,优哉游哉,自得其乐。

我成了舒家的干儿子

那一年春回大地，离回日本的日子越来越近，我开始一点一点地整理东西。一天，舒君的母亲将我叫到跟前说："你是我的干儿子，以后不管什么时候，想回来就回来。"就这样，我们就成了干母子，舒君与我则成了干姐弟。外婆一面舍不得地擦眼抹泪，一面将擀面杖塞进我的包里。

仍是在海运大厦码头，我乘上开往横滨的苏联客船，舒君一家在岸上向我挥手送别，我在船上则边发誓"干儿子一定会回来"，边使劲挥手回应。是舒家人教我知道了不同国籍、不同民族之间也可以通心知音，也使我感受到了中国人的宽广胸怀。

转眼几年过去，舒君的母亲、父亲不幸相继因病去世，"督察"也去了天国，只身孤影的外婆回到了上海的妹妹家，"傻妹"和"麻鲁锵"则到了美国，香港只剩下了从日本大学毕业回去的明德君一人，一个时代就这么匆匆而去。后来,我因工作到上海时,专程去过住在弄堂里的外婆妹妹的家探望外婆,并以此报答当年干妈待我的恩情。

舒家和李济深家的关系非同一般,舒家的祖父舒宗鎏追随了李济深一生。李济深的次子于解放前赴美国明尼阿波利斯留学一去不归,其留在中国的独生女李惠君就是由舒君的祖父母抚养长大的,像这种视亲友之子为己出并精心养育的事情,在中国社会里并不鲜见。

李惠君既然是被舒君的祖父母视为干女儿抚养成人的,与年龄相近的舒君自然就是干姐妹了。20 世纪 80 年代我去美国硅谷时,舒君住在离得较远的洛杉矶,而李惠君却住在与我所在的伯克利相邻的奥克兰,所以,招呼照顾我的就是李惠君。知道我是舒君母亲的干儿子,她待我确实如同自己的亲兄弟,而不论我还是舒君,都异口同声称她为“表姐”。

待我再到苹果计算机公司大本营所在地库比蒂诺时,轮到“麻鲁锵”夫妇搬到了相邻的桑尼维尔;我们为再会于此而欣喜若狂。明智君的太太陈笑玉,是从西贡逃出来的越南华侨难民,祖上为潮州人,北京话、广东话都说得很好，当然越南话也精通。此时明智君在笑玉的兄弟们的帮助下，正寻找机会想独闯一番新天地。

中国人越是身处逆境，就越能发挥互相帮助的本能，像这些历尽千辛万苦到了美国的越南华侨，相互扶持着，很快就在美国社会里扎下了根，以往的中华城变成了新来的越南“老大”们的天下，唐人街里到处都能看到越南菜馆，我那时和“麻鲁锵”夫妇就常去吃越南菜。在中国人圈子里，经常能听到谁是谁的干儿子或谁和谁是干兄弟之类的话，中国人对其中的含义是非常清楚的，但外国人有时对此却不知深浅。

逐鹿中原

初到香港拜访舒家，听到舒家长子明德君非常自豪地说，“我家祖籍本是中原”，当时我不禁吃了一惊，由此，我察觉到了一丝广东人的自卑心理。

所谓中原，过去泛指黄河中下游流域河南大部及河北、山西、山东的一部分区域，它是黄河文明的发源地之一。在中国历史上，向来都是得中原者得天下。其中，拥有以九朝古都洛阳为首的一系列历史名城的河南，那里的人，至今仍有充足的理由为自己的“中原人”身份而骄傲不已。你去看，河南省的公司名称多以“中原”打头。

我在北京经营公司时，雇员中有一位河南人，名叫张建甫，同事中的北京人常拿他的河南腔取笑，但他本人却毫不在意，河南人的自豪感是很强的。

那时，我曾有机会访问过河南省濮阳市，张建甫对此非常高兴，因为他的家乡就离那儿不远。濮阳在安阳东南一百多公里处，是中原油田所在地。我去的时候，看到玉米地中挖了许多深井，当时正酝酿在此地建设一个以石油为原料的石化集团，所以到处都生气勃勃。

当晚应邀赴宴时，我故意问在座的濮阳人："都说逐鹿中原，怎么全不见鹿的影子？"一句话引起哄堂大笑。他们说："逐鹿中原是争天下之形容，从来就没有什么鹿。"

说着，一条活鲤鱼被搬到了桌子上，正不知怎么下手时，只见他们用毛巾把住鱼头，在鱼身上切几道口，涂上面粉，然后就将鱼的下半身放到热油锅里炸，待炸好后盛到盘子里浇上汁，一道菜就算大功告成，可怜的鱼身子被渐渐掏空了，嘴却还在一张一合。此为中国式的"浇汁活鱼"。油炸蚕蛹是当地另一名吃，味道也不错。

中国自春秋战国时代起，就循环重复着统一与分裂，其命运似乎由向心力与离心力的交替运动而决定。但是，即便欧洲列强长驱直入，庞大的中国也并没有四分五裂成欧洲那样的一群零碎小国，而是一直统一至今，究其原因，这应该归功于统一的汉字体系和统一的货币体系。

欧洲各国语言各异,中国各地的方言也全然互不相通,可一旦写到纸面上,就完全一致了。据此,用汉字记载的书籍,以及以书籍形式流传下来的思想、文化,就成了中国人共同拥有的财富,即使“说”不通,但因“书同文”,同一民族的连带感却得到了保持。

另外,发达于商代的商业即货币经济,亦出于自身的目的要求统一,即使行政上一时分裂了,但银元铜钱等通用货币的存在却会使得经济上仍能保持统一。

日本明治时代曾出现过走遍中国大地的日本人,其中一位是本愿寺的大谷光瑞,另一位是建筑学泰斗伊东忠太,两人都于清末的混乱时期在中国各地旅行,并留有纪行文字。读他们的文章就可以深刻地了解到,无论到了什么样的生死边缘,中国最终都会起死回生,不管如何分裂,不管如何支离破碎,都挡不住最终统一的趋势,这就是中国的逻辑。

圣约翰大学毕业生

初见韬米·韦时，他还只有五十多岁，锃亮的大背头，笔挺的西装，前胸口袋里放一条手绢，整个一副旧上海花花公子的形象，而且这形象直至二十年后的今天仍丝毫未改。

当时韬米的身份是我所就职的美国保险公司的香港代表，祖籍广东，但生长在上海。据说其父过去曾是上海证券交易所的理事长，自家院子里可以进行足球比赛，这使韬米至今仍为之自豪。韬米大概是出入上海赛马场和舞厅的最后那一批人了。

对于韬米而言，上海已经封存在记忆中了，东方首屈一指的摩天大厦，梧桐成阴的大马路等，都成了他心中永远的美景仙境。让韬米庆幸的是，很多上海人与他一样来到了香港，因此只要移步上海菜馆，就能重品昔日之佳味；只要涉足上海俱乐部或其他一些娱乐场所，也多能见到上海时代的老朋友。

晚上，韬米总是与恋人朱迪在一起。朱迪是位杭州姑娘，额前梳着刘海儿，耳朵上挂着小耳环，活生生一个30年代上海广告画上的摩登女郎。

我因工作关系，每个月去香港时，都能非常愉快地与韬米和朱迪见面。韬米经常光顾的沪菜馆有大上海饭店、一品香等，在那里我们一边细品慢尝，一边听韬米长篇大套地为我们介绍每道菜的来龙去脉，在这方面，韬米是我当之无愧的老师。晚饭后，韬米还有一个必不可少的节目，那就是去钢琴酒吧，用英语演唱爵士名曲。

工作方面，韬米也充分地利用了他的上海关系，其中他在上海圣约翰大学时代的同学是他最大的财富。圣约翰大学是1879年美国圣公会在上海开设的教会学校，后来成了一所综合大学，人才辈出。当时该校全部用英语授课，生源则是来自全国各地的富家子弟。

在20世纪的80年代，该学校的毕业生占据了香港、台湾政界和财界的很多中枢位置。新中国成立后母校被撤销，该校同窗之间的纽带反而更加坚固。

台湾财阀之一、上海人派系的裕隆集团的严道君也是圣约翰大学毕业生。一次我去拜访他时，他递给我一本英语的关于孔子思想研究的专著，让我读读看，并告诉我，他的老父亲不久前从上海出来了，想将自己花费多年心血终于成稿的专著正式出版，“所以，我就帮他翻译成英语了”。听着他说得如此若无其事，再看看书中生涩难懂的哲学内容，我知道了圣约翰大学学生的实力非同小可。

严家自昔日起就是名门大户，观察他家的起居坐行，对了解中国上流社会的生活方式很有参考价值。我曾应邀赴过严家的家庭宴会，对宴会上人们的礼仪之正统吃惊不已，从遣词用句到表情态度，从举杯手法到进餐形式，都恍若身临中国传统老电影中的一幕幕场景……我不禁深深为此陶醉。

韬米的上海关系网的确不可小瞧，他还曾为我介绍过另一位虽不是圣约翰大学出身，但毕业于另一所上海著名的大学复旦大学的修养颇深的先生，那就是当时任台湾人寿保险公司总经理的应式文。毫无疑问，应先生也说一口流利的英语。他是作为国民党高级官僚解放前到台湾去的，住在接收过来的日式小楼里，虽然榻榻米都被拆去了，但拉门还原封不动地用着，为此，后来我还专门从日本带些新的糊纸作为礼物送给他。

应先生原为国民党高级官僚，请客赴宴是家常便饭，他本人也成了精通中国各地菜系的超级美食家。每次我应邀与他一起去吃饭时，他点菜的功夫总是让我心悦诚服，从公司正对面的中国饭店的湘菜开始，到国宾饭店的川菜、随园餐厅的沪菜以及悦宾楼的京菜，有很多我都是从应先生那里才知其所以然的。

在中国社会，“食”是堂堂正正的文化之一，中国的美食通们在点菜时就显示出一种派头。若不了解各地菜系并随机应变地点菜，在中国人圈里简直上不了台面。那种什么都行，点菜交给秘书代办的人，在中国社会是得不到尊重的；因为说得严重点，那是对文化的亵渎，是没有文化的大老粗行为。应先生严君还有韬米都是此道中的行家里手，我从他们那里受益匪浅。

“空中飞人”

20 世纪 70 年代后半期到 20 世纪 80 年代后半期的约十年间，我每个月都要在东京、汉城、台北和香港之间做“空中飞人”，有时还去曼谷、新加坡、雅加达，甚至北京和上海，间或在美国的总公司也露露面。虽然行则国际航班，住则一流饭店，但本质却和四处流浪的寅次郎没什么两样。每当在饭店的酒吧里打发无聊时光时，常有性格开朗的美国人凑过来搭话，一问，大多是与我一样的人，亦即美国的阿寅们。隔日在同前台遇到正在结账、准备离开的他们打招呼时，这些美国寅次郎回答我的，通常是一声爽朗的“继续上路喽”。

在台北，我固定住在亚都饭店，该饭店颇具 30 年代大上海饭店的风貌，备受欧美商人青睐。一次，我在中正机场等酒店的轿车来接我，一位服务员过来对我说：“今天塞车很严重，这边的车总也不来，因此能让这位客人与您同乘吗？”我回头一看，一个女孩笑眯眯地站在那里。

她叫凯茜·邝,是居住在纽约的华侨,在一家服饰公司当设计师。为访问客户,她也是每个月往返于纽约、大阪、香港及台湾之间,也是固定住亚都饭店。此后我们又在饭店里邂逅了好几次。

说过几次话后,我得知她出生于广州,是著名粤剧艺术家红线女的侄女,红线女乃是艺名,原姓即为邝。

凯茜自小去了美国,自此再没回过中国大陆。“但最近可能要回去看看,一方面,伯母那里似乎有新的活动;再一方面,今后大陆的时装设计业务可能也要开展起来。”她如此说。之后,我因长期逗留于美国硅谷,与她没能再相遇,回想起来,能够偶然地与一个陌路人几次相遇确实是件难得的事情。我想,现在大陆大概已经有了她的客户,北京和上海可能已是她的循环圈上的两个固定点了。说不定什么时候、什么地方,还能再次有缘与她相遇,那时,她的不太流利的北京话,肯定会变得字正腔圆了。

中国刚刚改革开放的时候,我在美国亚特兰大会展中心的计算机展览会上见到一个生气勃勃的中国人,只见他腕上戴着劳力士金表,手指上套着好几个金光闪闪的大戒指。我正在暗自猜测他的身份时，他过来向我打了招呼。几句话说得投机，我们便约定晚上一起吃饭。他叫阿部拉哈慕·周，是住在纽约的上海人，说话时浓重的上海口音不改。夫人则是北京出身，说一口漂亮的北京话。周君目前正在寻找有意投资中国各种项目的外国企业，他还请我帮他介绍日本企业。

周君夫妇基本上是两个月在美国与中国之间往返一次，路线是纽约、香港、上海、北京，然后再逆路而回。头等舱中，两人的随身行李之多，令人刮目相看，到达中国时更是前呼后拥，浩浩荡荡。在北京的北京饭店一住下，来客便络绎不绝。就是在上海，他给我看了国际贸易中心的蓝图，并单刀直入地问我"日本企业有否合作意向"。在北京时更是把我领到一大片小麦田中，说就在此处将建设一个高尔夫球场，让我"帮忙找找愿意投资的企业"。

在中国尚存有"文革"后遗症的 80 年代初，说建高尔夫球场或国际贸易中心无异于天方夜谭；即便建好了，到底会有谁来使用也令人怀疑，所以没有哪个企业前去投资。周君个人的一面之词也没有多少人相信。但是几年以后，无论是北京的高尔夫球场，还是上海的国际贸易中心全都成了现实。

当时四处游说不果的周君,失意之中身体状况渐差,中断了中国的旅行,住进纽约郊外长岛海滨的高级公寓里安度起晚年来;设在洛克菲勒中心的办公室也关了门。周夫人高兴了,但周君恐怕是“到底意难平”。

与在地球上作南北纵贯不同,东西横穿所产生的时差问题,使中国与美国之间的往返,成为对体力要求非常高的一件事情。

我初会杰克·谭,是在他的位于旧金山唐人街的建筑设计事务所里,我的台湾友人认为他是天才建筑家,让我一定认识一下。杰克是广东人,中学的时候到了美国,后毕业于加州大学伯克利分校建筑系。

正巧当时我正在四处寻找设计师,希望请设计师帮忙在北京建立一个硅谷风格的办公室,结果,我们两人一拍即合。他在中国的事业就从接受我的委托开始,后随着中国经济的发展不断扩大起来,最后连上海大剧院内部装饰设计这样的殊荣,也落到了他的头上。不用说,杰克在香港和台湾也不乏崇拜者,结果,他也变成了频繁往返于旧金山、台北、香港、上海、北京之间的“空中飞人”。

中国人说“叶落归根”，不过我在上面提到的这三个人，似乎谁也没有回归中国的打算，因为他们已经在世界上最先进的美国打下了坚实的生活基础。但是，如果有回中国开展工作的机会，他们还是会高高兴兴地回去。时差、经费等，都挡不住他们要在中国做点事的愿望。华侨的这种心情我是十分理解的。

“嘎力空”

“嘎力空”、“嘎力空”，台湾人之间，一开始说话，必不可少地，要先来几个“嘎力空”，写成汉字就是“我给你讲”。这是台湾人准备开始一套长篇大论的提示符号。台湾人好辩论，辩论起来喋喋不休，有时候甚至会逐渐升级。

如果辩论双方同为台湾人，彼此之间会以此为乐，因而不会成什么问题；但对手若是外省人，气氛就会越来越僵。首先，外省人肯定赢不了，所以他们要么沉默不语，要么付诸武力。

不过，这些在外面气焰千万丈的先生们，回到家里，迎接他的却是另一番天地。台湾人在家里，绝对是太太大权在握、高高在上，先生略有不敬，菜刀就会抵到脑门上。观察一下台湾人的旅行团就会发现，绝大多数是家庭成员共同行动。台湾的太太们是绝对不允许先生一人出门旅行的。于是台湾人到海外旅行,必是背着小的,搀着老的,一幅民族大迁移的景象。

在私人汽车尚未普及的过去,台湾街头经常可以见到一家老小搂脖子抱腰地挤在一辆摩托车上,这种家庭成员的亲密无间在日本是找不到的,因此我常替台湾人感到幸福。

林仁泉君就是这样一个台湾人,我们因工作之缘成为好友,后来即使工作关系不再存在,我们也仍然保持着家庭间的交往。有过殖民地生活经历的林君,日语说得非常好,又因战后一直从事与美军打交道的工作,英语也不成问题。

与林君一起出去吃饭时,肯定会有亲朋好友赶来参加。吃中国菜,人越多越划算,所以对此热烈欢迎。待干过几杯啤酒或绍兴酒后,不知不觉就说起台湾话来,然后即开始“嘎力空”。

周末时,只要林君知道我一个人呆在饭店,就来拉我和他的家人一起去兜风。台北郊外以奇岩著称的野柳海岸、基隆的港口小城、淡水的海鲜饭店,甚至乌来和石门水库等,都留下过我们的足迹。

一次,林君说因有差事要去台湾南部的大城市高雄,并约我和他同行。我自然没有异议,两人便乘飞机直奔高雄。到了高雄机场,林君的朋友蔡君已经等候在那里。但这位蔡桑将我们按进车里后,却朝着与高雄市区相反的方向行驶。等终于进到甘蔗和菠萝田地中,我们看见了一个临时舞台样的大房子。

蔡君一边告诉我们"今晚那里演脱衣舞",一边催促着我们走进去,可是里面只有一个巡回剧团在演些歌谣小品,似乎没有要演脱衣舞的迹象。最后连蔡君也认识到没戏了,他吐出一口嚼得鲜红的槟榔沫,说是"肯定有人走漏了风声"。

我们重振精神,返回高雄,到饭店办完手续,立刻奔六和夜市而去。林君也再不提及他的差事,似乎刚才的事情就是他这趟所谓的"差事"。

六和夜市是高雄规模最大的夜市,长达三百米的道路两侧,大排档和小饭馆一家挨着一家,在那里逛上一圈,就等于进行了一次台湾排档食品的大检阅。

如果不离开台北南下,是体会不到真正台湾味道的。台北周围是国语(北京话)圈,但往南走就变成了清一色的台湾话世界,台中、台南、嘉义、高雄以及东部的花莲都是如此。闯进台湾话的世界,使我初次了解了台湾人的内心世界,再回头看台北,便觉得它是个不可思议的双重构造的社会。

1989年,台湾导演侯孝贤的《悲情城市》在威尼斯电影节上获得了金狮奖。这部影片描述的是在“二战”后的混乱期间,被国民党、外省人压制的台湾民众的苦恼。首先,片中直接提及了1947年的“二二八”事件,光是这一点就已具有划时代的意义。而片中对台湾民众生活,特别是对大家庭生活的入木三分的细致描写,使人不能不佩服导演的非凡才能。在台北没有什么感觉,但到了南部就会发现,那里的生活,至今仍然是活生生的“悲情城市”。

提起“二二八”事件,我不禁想起一件往事,那是台北忠孝东路的来来大饭店刚峻工的时候,一位朋友说他“过去在那儿住过”,等我再一深问,他笑着告诉我:“那里原来是监狱,我在台湾大学读书时被抓进去过。‘二二八’时在那里处决过好多人,所以说不定会有幽灵出没呢。”

“小调”是一种在台湾各地广为流传的独特的旋律,此外,歌仔戏、木偶戏等也是深受当地人喜爱的剧种。侯孝贤的另一部力作《戏梦人生》,即是以木偶戏演员的生涯为题材的。我认为侯孝贤电影的出色之处,在于他静默的叙事方式,那种再现生活的平实素朴,能一下子将观众引入故事中,因为日常生活就是那个样子,并不存在背景音乐之类的东西。

可与侯孝贤作品媲美的,是1993年在柏林电影节上获得金熊奖的《喜宴》。该片导演李安,惯于通过“吃”来描述现代人的生活。在他的另一部影片《饮食男女》里,锅碗瓢盆干脆登上大雅之堂成了主角。影片讲述的是一位在台北圆山大饭店当过大厨、身怀烹调绝技的父亲,想在周末召集三个女儿回家吃饭,并为此做出堪称豪华的盛宴,但是女儿们因为这样那样的原因来不了,团圆最终成了泡影。这是一部很有哀愁情绪的影片。

我在看这部片子时,情不自禁地将自己比作那位父亲,勾画起自己家的画面来:我的两个女儿长大成家后,每个周末也都带家人回来,我亲自下厨掌勺,用在中国多年生活中所学到的烹调手艺做上七盘八碗的,然后大家围在一张大圆桌旁,边吃边聊,交流一星期来的所见所闻。这情景已经成了我的梦,但愿我的美梦能够成真。

我真的无法欣赏只有父母加孩子的核子家庭，条件允许的话，我愿意三代同堂甚至四代同堂，然后也时不时地对女儿和外孙们“嘎力空”一番，这种天伦之乐实在令我向往不已。

眷村子弟

台湾歌手孟庭苇演唱的一首《冬季到台北来看雨》，在台湾没有大红大紫，在大陆却传遍大街小巷，成了当年卡拉 OK 里的大热门。

正如歌中所唱，冬天的台北确实多雨，听着浪漫，实际却是再没有比这更让人心烦的事了。碰上这种天气，只要晚上没有宴会，我就早早地到中华路上的清真回民饭店去，用羊羹作下酒菜，先一口气喝上几杯白酒，再用牛肉水饺填满肚子，然后去饭店正对面的文艺活动中心看京剧。

台北的京剧观众多半为外省人，其中甚至有被手下人搀扶着、看似原国民党高官模样的老者，说是拼着老命来看戏也不为过。看着那些裹着厚厚的大衣，坐在冷得透心彻骨的剧场中坚持看戏的观众，我替他们悲从中来。

台湾名作家白先勇，是原国民党将军白崇禧之子，他描写了一个个来自大陆的外省人的生动故事，编成短篇小说集《台北人》，赢得了众多读者。

与白先勇同时代的女作家陈若曦，于 1966 年从当时留学的美国去了中国大陆，不幸正赶上“文化大革命”开始，使这位女作家亲身体验了“文革”中的各种悲剧。1973 年，回到台湾的她，将在大陆的那段经历写成了《尹县长》等作品。作为“伤痕文学”的先锋，她的文章也深深地感动了一批人。

我在台北一边贪婪地读着陈若曦的文章，一边回想着十年前自己去中国大陆时的狂热，不由感叹历史的无情和残酷。陈若曦笔下的主人公们，对悲痛一直是坚忍着，等待悲剧命运的结束。与这种无为的心情相比，那些随后出来的、大声叫喊自己是“文革”受害者的所谓“暴露文学”，便显得有欠深刻。

台湾的外省人里有“眷村子弟”这样一个意义特殊的词汇。所谓“眷村”，指的是从大陆来台湾的国民党军人以及家属们，在各地为自己建起的、类似住宅小区模样的住宅群。虽然这个名称听起来挺不错的，但实际上，那就是简陋的棚户区。想想看，近二百万人，两手空空，只穿着随身衣服，呼啦一下从大陆涌来，哪里会有妥妥当当的现成住处?

台湾新兴财团之一的威京集团总裁沈庆京,即为眷村子弟的典型。他幼年随父母一起来台湾后,就住在眷村里,过着艰难的生活。中学时代还一度误入歧途做了小太保,以至于成为监狱的座上客。所幸后来浪子回头,涉足实业,结果,转眼间便成了百万富翁。

他的总裁办公室门口,戒备重重,壁垒森严。在摆设着精致古董的内室,沈庆京将自己深深埋在椅子里,以往的太保形象已经无影无踪。他对我带去的一个方案表示赞同,并约好了再谈。只是由于大选在即,他作为国民党候选人的赞助人,几乎被来访者踏破了门槛,我们终没找到机会再聚。

同样的经历使得眷村子弟之间特别容易沟通,很多第二代外省人由此而终成眷属。给我介绍沈庆京的顾卓雄夫妇即是如此。同时,眷村子弟形成的人际关系网,其庞大程度也是惊人的。顾君常到大陆去工作,他不像很多港商台商,一到大陆就泡在卡拉 OK 或夜总会里,他非常认真严谨,眷村时代的苦难时刻不忘。

白先勇和陈若曦后来曾有一段时间去了加拿大和美国,大概是在既非大陆又非台湾的第三块土地上进行作家自身的反观自省吧。白先勇和陈若曦后来又都回了台北,不知陈若曦后来是否再访过“尹县长”的舞台。现在是第二代、第三代外省人的时代,“台北人”的世界已渐渐远去。对于这些第二代、第三代外省人来说,大陆究竟是个什么概念?

新一代人将创造一个新时代。海峡两岸的问题,也已到了寄托给新一代的时候了。

梨园世家

一天，时任北京大学日本经济研究所所长的高宝兴君一脸铁青地来到我的事务所，一进门，他就长吁短叹。

高君原是高级军官，曾作为中国驻日本大使馆的武官在日本生活多年，对日本的情况很熟悉。这次如此大发牢骚，可能是在大学里积了一肚子的不满。

实际上，我也常与高君有同感。数年前，我在北京设立过一个近百人规模的软件开发公司，为了营造一种美国高科技企业的氛围，特意请来自美国硅谷的朋友，将北京的办公室设计成了硅谷风格。

没想到这些都是一厢情愿。办公室投入使用以后，那种样子简直能让设计师气昏过去。原来的设备被随随便便地移换了位置，一些不知从何处买来的家具大模大样地堆在那里，什么整体性、协调性，在中国雇员的手下荡然无存。这还不算，竟还有雇员说与其花钱买家具,不如给他们涨工资。

中国大陆解放后的相当一段时间内,社会对品位的认识完全消失了。特别是在物质匮乏的年代,人们普遍视奢侈为敌。一件东西,重要的是功能,其他都不重要。坚固能用的,就是最好的东西。至于材质、美观、格调、气氛等,统统是画蛇添足的累赘,根本不会有人去关注。

高君所喟叹的,就是人们这种在文化方面的麻木迟钝和缺乏修养。这种在文化品位上的粗糙,甚至使他对中国经济的未来产生了不安,担心如此下去,中国最终将不能跨入先进国家的行列。那天他就是带着这样的感觉来到我这里的。

中文和日语中都有“梨园”一词,这个词出典于唐朝玄宗时代,因玄宗常令众宫女在植有梨树的宫廷内院学唱习舞,故“梨园”后被借用于演艺界。在日本指的是歌舞伎圈子,例如每当歌舞伎演员出什么丑闻时,就会听到“梨园”又怎样怎样的蜚短流长。在中国,梨园特指京剧界。

而所谓“世家”,说的是世代相承的名门。与日本歌舞伎界一样,中国也有“梨园世家”,如梅兰芳之梅派、程砚秋之程派、叶盛兰之叶派等，各流派的看家本事不仅仅传于本派后代，有时还收一些优秀的外姓人作继承人，这一点要比日本歌舞伎界来得开放。

在北京，我与叶派世家成员之一的叶红珠成了朋友。叶女士是在舞台上耍枪弄刀的武旦，她的丈夫石宏图曾是北京京剧院院长。改革开放后，为全院演员的饭碗问题，每晚都要组织上演面向外国人的“观光京剧”，大多是些热闹好看的武戏。虽说光演些《西游记》、《白蛇传》对他们来说是很不情愿的事，但当时别无选择。

空闲时，我经常去后台与演员们闲聊，从化妆、卸妆到穿戴行头看个遍，有时琴师也凑过来一起侃。印象尤其深刻的是演出结束后，演员们三三两两地跨上自行车，朝四面八方而去。这情景与日本歌舞伎演员真是有天壤之别。日本歌舞伎演员们若还只一味过着上流社会的贵族生活，早晚有一天会被广大国民所抛弃。每每看着骑车远去的花旦们的背影，我都禁不住这么想。

北京经常有高水平的京剧汇演，出演者都是各地的当家演员；又因为一个曲目一般只演一个晚上，所以一票难求可想而知。所幸叶女士每次都送票来，让我得以常饱眼福。秋天的艺术节更是好戏连台，演员们将平时千锤百炼的功夫全都用于此时，大有艺不惊人誓不休的劲头，因此整体艺术水平是非常高的。不必说，台下的叫好声也是此起彼伏。

北京前门的“老舍茶馆”，每天晚上也上演各种曲目，其中的京剧清唱最让我感到赏心悦目。那里还会演出一些“文革”中流行的“样板戏”，如《沙家浜》中的“智斗”，一直热唱不衰。

今天的中国，终于抛弃了要么革命、要么反革命的二者择一逻辑，进入了人人以自己的价值观判断事物的时代；并且开始在保持农民风格的同时，注意到了与国际通用价值观的接轨。虽然离高君要求的境界还有很大差距，但已经启动了的车轮是很难挡得住的。

当代买办

让我们来叙叙江南。

一个早春三月天，我与大学时代的朋友、当时被日本公司派驻在上海的吉田保氏一起访问了离上海不远的江苏省同里镇。

江南的春天向来是文人墨客百诵不厌的主题，例如明代高启的《寻胡隐君》就为后人留下许多诗情画意：

渡水复渡水，
看花还看花；
春风江上路，
不觉到君家。

我们沿着上海至湖州的青浦公路一路向前，一出市区立刻就看到大片的油菜花开得正旺，一眼望不到边,公路边的沼泽湖泊也此起彼伏,接连不断,一句话:完全是高启诗中的风景。以前读此诗时,曾想当然地以为诗中的“花”为桃花,但一见之下才知道原是油菜花,而且绵延不绝几十里,不,也许是几百里,因为我们看到的只是一部分。

此前一年的秋天,我与吉田保氏还访问过距此很近的周庄。当时正是菱角上市的季节,路边叫卖蟹、虾的小贩中还夹杂着卖菱角的。周庄和同里都是水乡,都居于太湖东南角;另外两个水乡——太湖北部的苏州和无锡在近代都成了著名大城市,而同里和周庄却像被时代抛弃了般的闭塞,明代、清代的农家小院还残留在那里,人们在纵横水道的环绕中仍过着几百年不变样的生活。

那一带的房子是“天井式”的,房子四周高墙围绕,内部则是里三层外三层的院子,整个结构虽被称为“前厅后堂”式,但其实就是层层递进的筒子套,房间的采光颇具匠心,人为制造出来的光暗交错,使整个空间变得不可思议。

周庄尚留有昔日的豪宅遗迹,如沈家大院和张家大院;同里则留存着清代官员任兰生为隐居而修建的园林式住宅“退思园”。此园虽不能与苏州、无锡的名园同日而言，但在偏僻的农村也算罕见的了。

周庄也好，同里也好，朴素的乡土家常饭菜都十分好吃。江南水乡本来就有“鱼米之乡”的美誉，新鲜的虾、蟹、鱼，还有各色新鲜蔬菜，用各种调料轻轻一腌，非常爽口，以至于一想到江南的农民天天能吃到这么味美的东西，我就会产生自己是不是也到这里来隐居的想法。这一带的名吃是“三味圆”，那是用水面筋包的虾肉馅、鸡肉馅和猪肉馅的汤圆。

江南的富裕并不仅仅得益于气候条件好，贯通境内的长江和大运河使这里自古以来就是商品聚散地。在货币经济发达的中国，文化的发展是靠商人的经济力量促进的，故就连周庄和同里那样的小地方，都曾有过声名显赫的富豪，不能不让人吃惊。说到此，我不禁想起了京剧样板戏《沙家浜》中的一幕（《沙家浜》的故事就发生在这一带），为了让藏在此地养伤的新四军伤病员早日恢复健康重上战场，沙奶奶“命令”他们“一日三餐九碗饭，一觉睡到日西斜”，战争年代尚能三餐九碗，足见江南之丰足。

力劝我一定要看看周庄和同里的是一位叫傅禄永

的上海人，被中国媒体称为“当代买办”的他，是一个日本通，在北京的日本人圈子里相当有名气。他以前的正式头衔是中国科学院的智囊机构——中国综合开发研究院的日本部部长，20 世纪 90 年代初自立门户，先是促成了日本八佰伴进军上海，随后又协助不少日本企业进驻中国。

鸦片战争后，欧美企业在打进中国市场时，总要利用一些中国人做中介，这些人就是所谓的“买办”。他们精通外语，在外国人和中国人之间起润滑调节作用。比买办更受外国人信任的是大班，即外国贸易公司里的中国人经理。大班的生活之豪华，令同时代的中国人憧憬不已。

欧美人一直有利用华人的传统习惯，在向改革开放后的中国进军时，他们同样是广泛利用海外华侨。这个道理是显而易见的：欧美人再怎么努力，毕竟说不好中文，又不了解中国人的生活习惯。所以他们积极利用华侨，自己则高高在上，心安理得地坐收渔利，一些关键的官场环节全让华侨去打通，自己一点儿风险也不担。当然，买办和大班们也十分懂得用一个好价钱，将自己的人脉关系卖给外国人。

但是，日本企业却不重用中国人，既不用买办，也不用大班，公司里的中国雇员充其量只能做做翻译、当当秘书；而且，不少日本企业认为，中日两国同文化、同种族，彼此沟通不成问题，常常误以为让日本雇员去中国留学一二年，就能上阵起作用，根据我的经验，这都不是明智之举。

与日本相比，欧美企业进军中国还要晚些，但欧美同行却能在眨眼间瓜分掉很大市场，原因之一是，连他们国家的总统或总理，都有主动公关的意识。另一个原因是心理方面的差异，日本企业至今仍是租借事务所和外驻人员住房，而欧美企业则是一进中国先买房子置地皮，安营扎寨之后，才开始做生意。

还有一点，欧美人常能保持比较长远的眼光。被企业派到中国去的人，是带着不光自己、连子孙后代也将骨头埋在中国的打算启程的。这样，即使最初连一句中国话也不会说，但他们下一代肯定会说一口字正腔圆的汉语。这跟欧美传教士到国外传教的做法有相似之处，脚踏实地，落地生根。而日本企业却总是比较近视，在中国任期结束后的雇员，常被调到与中国完全不相干的部门去，这样怎么能培养出中国通呢？

“裕龙大队”

每当在中国的日本人聚在一起时，总要说些中国与中国人的坏话；什么政府方针朝令夕改啦，什么中国人不守信用啦，等等。总而言之，凡是进展不顺利的事，都是中国方面的责任。可是我不禁要问：既然是如此不如意、不舒服，为什么不干脆回日本去？日本企业争先恐后地往中国挤，还不是因为中国市场上大有利润可赚？

各种统计数字显示，打进中国市场的日本企业，有半数以上是获得了相当的经济利益的，只不过是成功者闭紧嘴巴不做声，失败者大喊大叫地将责任转嫁给中国和中国人罢了。结果，不知从何时起，“在中国做事难”、“在中国挣不到钱”，被说得跟真的一般。

我这里常有准备进军中国的日本企业来咨询，他们问得最多的是：“听说在中国连白纸黑字的合同都不遵守，果真如此吗？”对此我总是回答：“不错，是真的。”

看到对方焦黄了脸，我会再详细说明："但是中国人对人与人之间的诺言却是绝对遵守，签了合同就万事大吉的思维方法，在中国行不通，那里起决定作用的，是当事双方的信赖关系，而绝不是合同。合同之类，可能是签字画押后就被扔进抽屉里，很多中国人不会再去看第二眼。如果懂得平时就跟中国人建立起信赖关系，一有风吹草动，中国人就绝对会为你两肋插刀。"这样一路说下来，对方或点头或摇头，表情不一。不管怎样，我必须告诉他们，在中国做事，这是至关重要的。

还有人认为中国人懒惰，这可能是看到有些国营企业的员工游手好闲；或有些集体所有制的商店、饭店里服务员的恶劣态度而下的结论。但"人之初，性本善"，只要具备了条件，激发起动机，中国人是会拼命干的。而且中国人还有日本人所难以想象的顽强精神，不信去看看万里长城就知道了。

在海南岛的洋浦保税区，我曾看见过这样的情景：烈日炎炎之下，尘土飞扬之中，女人们用小锤子，一点一点地，将从地下挖出来的大石头敲成铺路基用的小石子去卖。在广西壮族自治区的山中，陡峭的山坡被修成环状的台阶，上面植有一棵棵桉树，放眼望去，满山如此。还有,日本制造厂家在深圳和东莞的成功,靠的不是那些勤劳手巧的中国女工吗?因此,批评中国人懒惰,我是怎么都不能苟同的。

台湾有一位叫叶博文的玉器收藏家,他的藏品甚至连台湾故宫博物院都望尘莫及。故宫博物院有一棵"翡翠白菜"玉雕,翡翠本身的绿色和白色被非常逼真地雕成白菜的帮和叶,已算是稀世绝品。可叶君收藏的"翡翠白菜"却在此基础上像花瓶一样被剔成了空心,光是这个作业就得花费多少时间啊!据叶君说,这样一件精致古玩要花费匠人一生的心血。

1988年,我设立了北京第一个独资公司,开始公开招聘计算机软件人员,六百余名应聘者蜂拥而至,但最后只有六十人通过考试被择优录用。当时,北京西郊还没有现代化办公大楼,我们就租下了裕龙大酒店的三个楼层开张了。

这些新雇员们表现出的冲天干劲,令人吃惊。他们原来都在国营企业或政府部门里工作,都是大学毕业生,是国家干部,捧着铁饭碗,但是他们扔掉了这一切,跨进了外资企业的大门,并立刻显露出既有毅力又有能力的真实面目。

软件开发是项时间性很强的工作，因此他们经常自发地一干一个通宵。促使他们这样做的，除责任感、面子之外，我想还应该有“士为知己者死”的情怀。时至今日，我对他们仍满怀谢意。

鉴于日本也有加藤清正、福岛正则等“贱岳七杆枪”[①]，受此启发，我将我公司的这批员工称为“裕龙大队”，这一带原本就是裕龙生产大队，眼下他们又在裕龙大酒店里工作，我觉得这个称呼再贴切不过。

这个软件公司一度曾发展到近百人规模，只是由于日本总公司的经营危机，后才不得不解散。但公司创建初期那些元老，后来大多数都去了日本，在各个公司里得心应手地继续发挥着才能。他们也自称“裕龙大队”，并一直保持着彼此之间的联系。1998 年公司成立十周年纪念日时，他们还组织了一次富士五湖两日游。相聚时，大家一致感到：有过去连续加班到半夜的那些经历垫底，今天再苦再累也全能对付。是的，他们付出的努力，是他们一生享之不尽的宝贵经验。

我觉得，那些认为中国人懒惰不干活的人，是睁眼

① “贱岳七杆枪”指日本战国时代丰臣秀吉与柴田胜家在贱岳决战时，丰臣秀吉手下战功卓著的七个武士。

瞎子，这些人怎么不想想，创造出那么灿烂的文明的民族，怎会像他们所说的那样低劣不堪呢？还有人说，中国遍地都是阿 Q，我只能说，我真的很遗憾，说这些话的人，没有机会见识“裕龙大队”。

让我把话题扯开一点。

侨居日本的“裕龙大队”，最近又有了一个新名字——新华侨，日本新华侨的数目在直线上升。在战后很长一段时间里，在日华侨的总数一直固定在五万人左右。但进入 20 世纪 80 年代，来自大陆的中国人开始急速增加，现在正式登记在册的就有三十多万人，而且还在以每年一到两万人的速度递增着。

新华侨眼下最大的烦恼，当属子女教育问题。虽然，横滨和神户从战前就设有中华学校，但现在已远远满足不了激增的新华侨子女的入学要求。新华侨遍布全日本，光靠横滨和神户的中华学校不能解决问题，至少东京、大阪、福冈等大城市应该都设上几所。像日本人到海外工作居住时，将自己的孩子送到当地的日本人学校一样，新华侨理所当然地也希望自己的孩子进中华学校。

出于无奈，新华侨的子女现在都在上日本的幼儿园或学校，在外接触的是日语环境，回到家，打开电视仍是日语，所以孩子们的日文水平远远高出中文水平。父母用中文问话，孩子们则用日语回答，总算还能与懂日语的父母沟通。可是，与中国的祖父母和亲戚们之间，则没有了"共同语言"，只能渐渐隔绝。这种现实的悲剧比比皆是。

过去，日本人到海外没有日本学校的地方赴任时，也只有送孩子入当地学校一条路，西园寺一晃①的《青春的北京》、滨口允子的《北京三里屯第三小学》，都是那时的珍贵记录。但是，一旦有了日本人学校，大部分日本人父母马上就将孩子转进去，天下父母同此心也，中国人也不会例外。

也许，将来新华侨中能够出几个大富翁来资助教育事业，但眼下以工薪阶层和临时工为主流的新华侨，是没有财力建设中华学校的。那么，那些喊着中日友好的人们，那些打入中国市场赚了大把票子的日本企业，能不能伸出手来，为建设中华学校出点力？由于人口骤减，日本现在到处都有空置的校舍教室，地方自治

---

① 西园寺一晃是日本作家，1942 年生于东京，1958 年随全家移居中国，1966 年毕业于北京大学。在北京生活十年，写过不少介绍中国的书。

体和文部省要是能将这些资源提供出来,将会带给新华侨多大的喜悦!新的中华学校建成后,说不定会培养出第二个鲁迅或周恩来,那又是多么鼓舞人心的事情!所以说,从下一代中日友好的角度讲,建设中华学校也是一件具有重大意义的事情。

武侠世界

在香港时常常去看电影，其中又多是武侠片。电影院全部是对号入座，而且每放完一场都要清场，香港、台湾、新加坡无一例外。另外，为了方便操各种方言的观众，香港电影的银幕上大多打有中文字幕。因此，看中国电影对学习中国语言是非常有益的。

武侠片的主题都差不多，不外乎惩恶扬善、报仇雪恨，表现的都是大侠们的仗义豪迈之举。观众通过看武侠电影，将平日郁积在胸的烦闷一古脑儿地释放出去，这是武侠片的魅力所在。

中国人自古以来就喜好武侠，除在日本亦家喻户晓的《三国演义》、《水浒传》外，还有《三侠五义》、《儿女英雄传》等，主人公如包公、十三妹等，历来是戏剧和电影屡演不衰的角色，什么“有知识的人不看武侠”，根本就没那回事。

我有一位名叫于伟、在北京经营高科技企业的朋友,他的经理室的书架上,排列着《古龙全集》,而经营学、市场学方面的书却一本也不见。用他的话说,公司运营也好,市场销售也好,背景跟武侠小说所描写的世界大同小异。在人际关系"惟此为大"的中国,他的理解很可能是正确的,而古龙小说的精髓就在于表明了一种"欲后得仗义之秋雨,必先施侠气之春风"的大侠精神。

也许,有人认为将仗义之道与生意经混为一谈是匪夷所思的事情,但与中国人做生意时,拿出点义气来,绝对错不了,因为中国人一直在按照武侠世界的规范行事。反之,日本人的"公司人"价值观,使得个人权限非常有限,一有事,不是要请示总公司,就是要等上级的答复,这种责任关系上的暧昧,中国人是很难理解的。他们心里会说:那你是干什么的,难道就是个传声筒?

中国人愿意一对一,或说个人对个人交往办事,日本人则躲藏在组织中而没了自我;中国人依个人与个人之间的信赖程度决定成事与否,而日本人却扛着财团或大企业的名头牌面行事。

"我们是大公司"之类的优越感在中国是玩不转

的，若比公司规模，欧美的超级大企业要多少有多少，中国人的绣球最终落入谁家，凭的是信赖关系，而绝非规模大小。

有这么一个人，介绍一家日本大企业进入了中国，双方谈得投机，便商定要成立合资企业。于是，日本企业认为中介人的使命已经完成，便过河拆桥；但中国方面却始终都遵循中国社会的规矩，买中介人的面子，将来一旦出什么问题，他们也必定先找中介人商量。

反过来，日本人永远不会想到中介人其实是那个项目的终生保险，所以才端出“这是公司对公司的事情，用不着第三者插嘴”的态度来，于是失败便成了定局，因为中国人由此便可作出对方是否值得信赖的结论。无视社会中的关系，正是日本人盲目自大的结果。

我之所以要说中国人至今仍生活在武侠世界里，是因为他们总是把讲义气守信用放在第一位。日本人说中国人违约背信，但在中国人眼里，日本人才是谎话连篇。因为中国人即使是酒后失嘴，也无论如何都要践诺。而日本人呢，要么说酒后戏言不能当真，要么说请示领导没通过，脸不红心不跳地一推了事。

到约定的期限拿不出东西时，日本人会搬出一大堆客观原因：或者讨论需要时间，或者找不到经理云云，以为这样便可万事大吉。但中国人不这么理解。他们会想：与我签约的又不是经理，事到临头这么说，岂不是推卸责任？有过一次失信，日本人就不能再指望与中国方面还有“下一次”了。

跋 一

侯德健

筱原兄又要出新书了，这回他要和大家分享“自由”。

想到“自由”，首先想到的是：小时候，离父母越远越自由。上学校，离老师越远越自由。上班时，离上司越远越自由。结婚后，离老婆越远越自由。曾经感觉到最自由也是最快乐的经验几乎都是和好朋友在一起做喜欢做的事，最羡慕的莫过于陶渊明“不为五斗米折腰”的千古佳话。

中国人是世界上最懂得自由的民族之一。要不西方最崇尚自由的“嬉皮士”文化又怎么会选择两千年前中国的竹林七贤作为自由最高境界的表率呢？中国文化里到处都看得到自由的身影。古话说得好：“天高皇帝远”。古代中国人的自由品质同与皇帝的距离成正比，若不是遇到像乾隆帝那样没事儿就爱四处瞎逛的皇帝，你只要躲得远远的，一般而言你的“自由”是不成问题的。除非你自己想不开，进京赶考去自投罗网。

你真的渴望自由吗？我看不一定。除了那些“先天下之忧而忧、后天下之乐而乐”的衮衮诸公以外，你自己不也心甘情愿地为了各种理由而主动放弃自由？小时候，玩累了，肚子饿了，回家吃饭总不能再躲着父母吧！考试卷发下来了也不能再不看老师一眼吧！下月初要领工资，这月底无论如何也得向领导汇报工作；出差没两天再坚强的男子汉也免不了要想起老婆这般那样的好。

没有人一生都是自由的，就好像没有一种飞行物可以永远在空中翱翔而不用落地的。人生更像是一只风筝，看似自由自在地在空中飞翔，其实只要线一收，就得乖乖地回到主人的手中。当然你也可以拼命抵抗，其结果只能是成为一只断了线的风筝，用不了多久，你就必然会为了多那么几秒钟的自由而落得粉身碎骨的下场。

看样子，做人不能只顾“自由”，还得要讲点儿“规矩”才行。然而究竟要追求多少自由,又必须遵守多少规矩才是最佳比例呢?我还是把这个问题留给作者吧!筱原兄是回答这个问题的高手,因为他生为全亚洲甚至于全世界最守规矩的日本人,不但交了许多自由了几千年的中国朋友,更胆敢娶了个既比日本人更讲规矩又比中国人更渴望自由的韩国老婆。想必在自由与规矩之间,筱原兄肯定没少吃苦头,他多半能为大家提供一些宝贵的意见与建议。让我们拭目以待吧!

跋二 “建桥者”

魏海波

我认识筱原先生已经二十多年了，当时我在日本三菱综合研究所工作。听妹妹说有个日本人在北京成功地设立了一家中日合资的软件公司。正好我妹妹也在东京，就介绍我认识了在北京一东京之间飞来飞去、忙于为中日之间经济交流建桥铺路的筱原令先生。

记得在1991年初冬某天下午，筱原先生约我和李君去新宿西口的西科姆公司总部，为李君介绍去西科姆公司工作，李君面试完后，我们三人去新宿东口的居酒屋喝酒。喝酒喝到三巡，筱原先生也有些酒意，他告诉我们，他早在“文革”期间就到过中国，被周总理和廖承志接见过，那时候他是日本学生运动的领导者之一，参加过激烈的反对《日美安保条约》的运动。但是，他也为这段激荡的青春付出了惨痛的代价。他因为是当年学生领袖，长期被日本的安全部门监视。安全部门专门派了一个便衣跟踪他，只要他去某家大公司面试，不出几天，有关部门便会设法让他的就职梦想真的成为一场美梦。他只能凭自己的知识和人脉去给对外投资的日本公司当咨询顾问，从此成为中日之间友好桥梁的建设者，他帮助设立了阿斯克（中国）软件公司、西科姆（中国）集团公司；他促成了在中国西北、华北推行绿化事业的“百亿日元小渊基金”，等等。说来好笑，那个便衣监视筱原先生二十多年后，自己也快退休了，他买了一盒点心给筱原先生，说给你添了很多麻烦，我也不过是奉命行事，请你谅解云云。筱原说到这时，嘴角露出一丝无可奈何的苦笑，那个时代毕竟过去了。

说起来，我认识的日本朋友少说也有几百位，但是论熟悉中国文化、中国历史者，筱原先生当属第一人。尤其是他对中国佛教的研究之深令人惊叹。说到大乘佛教、小乘佛教、藏传佛教、曹洞宗、真言宗、净土宗，等等，他如数家珍，娓娓道来。他还专门研究了佛教如何从中国传入日本，写了有关空海和尚的专著，著有《空海的风景》、《空的正确理解》等书。有时候，我和筱原先生喝酒闲聊，听着他细细讲述中国的佛教文化，一边听一边不禁汗颜，好歹我也是华东师范大学“七七级”历史系毕业的，从小也热爱史书，怎么弄了半天，一个日本人对中国历史典故、佛教流派、名山高僧知道的比我还多，真有种“书到用时方恨少”的感觉。

筱原先生不仅热爱博大精深的中国文化，更爱和中国人交朋友，看过《娶太太还是韩国人好，找朋友还是中国人好》(上海文艺出版社 2003 年出版)的读者，也许会发现他和台湾知名导演侯孝贤、校园歌手侯德健是多年老朋友了，和国内的田壮壮、霍建起等新生代导演也是酒友，和京剧名家叶盛兰的后代、著名演员叶红珠也交往多年……可以说，大江南北、黄河上下，筱原先生处处有老友，他的人脉之广，可见一斑。

尽管和筱原先生相识二十多年，但自我回到国内创业之后，他在东京，我在上海，总是相聚匆匆，很少有机会坐下来品酒饮茶。只是 2002 年，筱原先生负责帮助阿部印刷公司在广东和苏州设立独资印刷企业，他推荐我担任阿部(苏州)印刷公司的顾问，和他联系自然也就多了起来。在当时筹建外商独资的印刷企业比较困难。从审批、购地、建厂、进口大型机器设备，到招工、试生产等都遇到很多令人头痛的事。我的脾气又比较急,和日本人打交道多多少少会有些冲突。筱原先生总是很沉得住气,不急不忙、耐心细致地给我分析,一起探讨解决之策。他对我极为信任,从来没有拒绝我任何一个哪怕是很不成熟的建议,正是基于这种跨越国境的互相信任,还不到一年,阿部(苏州)印刷公司就如期在苏州新区建厂投产,该公司至今还在为佳能(中国)公司提供全面的印刷服务。

时间过得真快,距筱原先生那本《娶太太还是韩国人好,找朋友还是中国人好》的出版又过去十年了。筱原先生的新作又要与读者见面了。在这本书中,他如何看待中国历史、中国文化,他如何与海峡两岸的中国人交往,又怎样理解中国人的"侠",都是我们大家所期待的,也许这就是此书的魅力所在。

2013 年 6 月 8 日于上海

(魏海波系本书策划、大成律师事务所律师)

图书在版编目(CIP)数据

筱原令看中国/（日）筱原令著;杨锡坤译. —上海：学林出版社,2013.7

ISBN 978-7-5486-0523-2

Ⅰ.①筱… Ⅱ.①筱… ②杨… Ⅲ.①杂文集—日本—现代 Ⅳ.①I313.65

中国版本图书馆 CIP 数据核字(2013)第 090455 号

著作权合同登记 图字：09-2013-290 号

筱原令看中国

著　　者——［日］筱原令
译　　者——杨锡坤
责任编辑——钱丽明
封面设计——魏　来

出　　版——上海世纪出版股份有限公司学林出版社
（上海钦州南路 81 号 3 楼）
电话：64515005　传真：64515005
发　　行——上海世纪出版股份有限公司发行中心
（上海福建中路 193 号　www.ewen.cc）
排　　版——南京展望文化发展有限公司
印　　刷——上海展强印刷有限公司
开　　本——890×1240　1/32
印　　张——6.25
字　　数——9 万
版　　次——2013 年 7 月第 1 版
2013 年 7 月第 1 次印刷
书　　号——ISBN 978-7-5486-0523-2/I·77
定　　价——25.00 元